DOMINANDO AS MEGATENDÊNCIAS

O segredo de um mundo em constante evolução

DORIS NAISBITT E JOHN NAISBITT

DOMINANDO AS MEGATENDÊNCIAS

O segredo de um mundo em constante evolução

Tradução
Thaíssa Tavares

1ª edição

Rio de Janeiro | 2021

CIP-BRASIL. CATALOGAÇÃO NA PUBLICAÇÃO
SINDICATO NACIONAL DOS EDITORES DE LIVROS, RJ

N149d

Naisbitt, Doris
Dominando as megatendências : o segredo de um mundo em constante evolução / Doris Naisbitt, John Naisbitt ; tradução Thaíssa Tavares. - 1. ed. - Rio de Janeiro : BestSeller, 2021.

Tradução de: Mastering megatrends
ISBN 978-65-5712-126-9

1. Profissões - Desenvolvimento. 2. Sucesso. 3. Mercado de trabalho - Aspectos sociais. 4. Mercado de trabalho - Aspectos políticos. I. Naisbitt, John. II. Tavares, Thaíssa. III. Título.

CDD: 331.1
CDU: 331.5

21-71652

Meri Gleice Rodrigues de Souza - Bibliotecária - CRB-7/6439

Texto revisado segundo o novo Acordo Ortográfico da Língua Portuguesa.

Título original:
Mastering Megatrends: Understanding and Leveraging the Evolving New World

Copyright © Doris and John Naisbitt
Rights licensed exclusively by JMW Group Inc.
jmwgroup@jmwgroup.net

Copyright da tradução © 2021 by Editora Best Seller Ltda.

Todos os direitos reservados. Proibida a reprodução,
no todo ou em parte, sem autorização prévia por escrito da editora,
sejam quais forem os meios empregados.

Direitos exclusivos de publicação em língua portuguesa para o Brasil
adquiridos pela
EDITORA BEST SELLER LTDA.
Rua Argentina, 171, parte, São Cristóvão
Rio de Janeiro, RJ – 20921-380
que se reserva a propriedade literária desta tradução

Impresso no Brasil

ISBN 978-65-5712-126-9

Seja um leitor preferencial Record.
Cadastre-se no site www.record.com.br e receba informações
sobre nossos lançamentos e nossas promoções.

Atendimento e venda direta ao leitor
sac@record.com.br ou (21) 2585-2002

Sumário

Introdução 07
Como ideias viraram um livro

Capítulo Um 13
O surgimento do novo mundo: das megatendências
individuais à mudança sistêmica e integrada

Capítulo Dois 29
Como fazer julgamentos e dominar emoções

Capítulo Três 49
Compreendendo os mindsets dos atores principais

Capítulo Quatro 81
Compreendendo os elementos emergentes

Capítulo Cinco 105
Um novo mapeamento do mundo

Capítulo Seis 129

Dominando um novo mundo do trabalho

Capítulo Sete 169

Dominando o desafio da educação

Capítulo Oito 209

Dominando a comunicação em massa e as questões
que ela levanta

Capítulo Nove 231

Dominando uma nova ordem comercial

Capítulo Dez 251

Dominando nossos pensamentos

Introdução

Como ideias viraram um livro

Desde que *Megatendências* foi publicado em 1982, a pergunta que mais nos fizeram foi: qual será a próxima megatendência?

Quase todo mundo, incluindo nós mesmos, gostaria de ter um mapa que os ajudasse a traçar o caminho para um ambiente previsível chamado futuro. Com um pouco de imaginação e interpretação, as informações disponíveis nos permitem delinear um quadro mais ou menos preciso do que acontecerá. O impacto e o sucesso de *Megatendências* aconteceram por ele ajudar pessoas a resolverem questões que lhes eram muito familiares e, a seu tempo, pegar as singulares peças do presente e montar um quadro do futuro. Naquela época, o livro guiou os leitores pela transformação que os Estados Unidos passariam nas décadas de 1980 e 1990.

Olhando para o *Megatendências* de 1982, não é difícil entender como suas ideias ajudaram as pessoas a "pegar carona nas tendências, seguindo na direção em que elas já estavam indo". A mudança de uma sociedade industrial para a era da informação — a mais significativa e mais influente das dez megatendências traçadas no livro — estava se desenvolvendo e já havia começado a influenciar a produção, o mercado

8 ▪ DOMINANDO AS MEGATENDÊNCIAS

de trabalho, a comunicação, o entretenimento e a vida social. Os relatos das pessoas sobre o impacto que sentiram com a leitura de *Megatendências* têm uma coisa em comum: o livro as ajudou a reconhecer dez tendências que ainda estavam se desdobrando. O livro tornou mais claro o que elas já haviam percebido em alguma escala: "O *Megatendências* me ajudou a organizar as peças do quebra-cabeça".

Megatendências de 1982: uma boa notícia para todos

Mesmo tendo sido escrito com base no desenvolvimento dos Estados Unidos e para os Estados Unidos, pessoas em outras partes do mundo (*Megatendências* foi publicado em 57 países) se beneficiaram dele. As tendências individuais estavam construindo seu caminho do Ocidente para outras partes do globo. Os leitores seguiram as ideias, revisaram e atualizaram seu próprio jeito de pensar. Ter maior compreensão ajudou alunos, funcionários e empreendedores a planejarem suas estratégias para a carreira e para os negócios.

A transformação descrita pelo *Megatendências* foi fundamental, mas também uma continuação de movimentos que já estavam se desenrolando, apesar de não serem óbvios. Em muitos aspectos, foi uma busca por algo que já existia, mas que não fora completamente repensado. Na maioria dos casos, a mudança foi bem-vinda. E, mais importante, o agente da mudança foi e continuaria sendo os Estados Unidos. Isso foi fácil tanto para os norte-americanos aceitarem, quanto para os asiáticos abraçarem, especialmente os chineses, já que sua orientação para o progresso e a aprendizagem, à época, era direcionada para o Ocidente, principalmente para os Estados

COMO IDEIAS VIRARAM UM LIVRO • 9

Unidos. Até a Europa ocidental, que nunca tivera o mais humilde dos mindsets, aceitou a liderança norte-americana. O *Megatendências* de 1982 foi uma boa notícia para todos.

Nos trinta anos seguintes à publicação do livro, as manifestações das tendências ali descritas se tornaram mais óbvias, e acelerou-se a velocidade das implementações. Durante essas décadas, como coautores, lidamos com os desenvolvimentos destacados em *Megatendências* em mais detalhes. O *Megatendências Ásia* descreveu a ascensão econômica asiática; *High Tech High Touch* refletiu sobre as consequências inesperadas da era da informação; *China: Megatendências* tratou sobre os pilares sobre os quais a China — concorrente quanto ao papel de liderança global do ocidente — baseava-se e sobre o qual se edificava. *Mudança no jogo global*, publicado pela primeira vez na China em 2015, tratou principalmente sobre a mudança geopolítica. Muitos desdobramentos já haviam sido antecipados com maior ou menor clareza em *Megatendências*.

O surgimento de novas megatendências

A questão de quais seriam as próximas megatendências permaneceu. Mas tendências não podem ser forçadas a aparecer; muito do que é chamado de tendências são modismos que vêm e vão. Megatendências não aparecem de dois em dois anos. É necessário manter os olhos abertos, e foi isso que fizemos. Devagar, enquanto viajávamos e observávamos o mundo, algo pareceu acontecer. Surgiu como um sentimento indefinido. Havia algo no ar. Não conseguíamos captar o que era exatamente, mas sentíamos que era algo profundo.

Começamos nossa pesquisa para adquirir maior entendimento quanto ao que estava mudando de verdade. Pouco tempo depois, percebemos que muitos dos desdobramentos tinham paralelos com a Reforma Protestante do século XVI. Reforma essa que, com o tempo, levou à modernidade, à ascensão do Ocidente e à ordem mundial que vivemos nos últimos duzentos anos. Começamos um manuscrito que teria o título *Reforma global*. À medida que o desenvolvíamos, entendemos que, assim como na reforma histórica, este também era um momento que proporcionava grandes oportunidades. Então, nosso título mudou para *A grande abertura*. Continuamos nossa pesquisa e, de repente, como acontece quando nos aprofundamos em um assunto, ficou evidente para nós: não estamos apenas descrevendo novas megatendências. Estamos testemunhando o caminho para uma completa transformação do jogo global. Não como a transformação descrita em *Megatendências*, em 1982, que saía dos Estados Unidos para ganhar o mundo, mas mudanças paralelas envolvendo países em quase todos os continentes e acontecendo em vários campos e direções, retroalimentando-se, conectando-se política, econômica e tecnologicamente. Assim como no século XVI, a mudança que estamos testemunhando resultará em uma nova ordem mundial.

Uma nova ordem mundial

Nossa primeira abordagem, ao comparar essa transformação à Reforma do século XVI, nos deu a direção certa. No século XVI, a invenção da prensa móvel mecânica levou a uma revolução da comunicação e transformou a educação, que antes era apenas acessível à elite, tornando-a acessível às massas. As cidades cresciam, e os plebeus aumentavam suas riquezas. No entanto, mais importante foi o início da queda da hegemonia da Igreja Católica. Em nossos dias, o paralelo à prensa móvel é a internet, que possibilita a conexão, a comunicação e a influência entre milhões de pessoas. Os indivíduos e as empresas já não agem de maneira independente em seu campo de atuação e dentro de áreas geográficas limitadas, mas são partes integradas de desdobramentos globais.

A queda da influência política da Igreja Católica e do seu controle sobre a educação e a ciência teve seu início no Renascimento italiano, e foi reforçada pela Reforma Protestante do século XVI. Até então, era ensinado que a Terra era o centro do universo, assim como o Papa e a cidade de Roma eram o centro da religião. Os cientistas começavam a se posicionar contra a sabedoria de milhares de anos: a crença de que o Sol girava ao redor da Terra. A alteração da cosmovisão geocêntrica para a heliocêntrica não trouxe nenhuma mudança direta para a vida das pessoas comuns, mas teve grandes consequências, levando a uma explosão de descobertas científicas que abriram oportunidades até então restritas. Porém, demorou quase quatrocentos anos até que Darwin questionasse o último domínio da Igreja, nossa origem divinal.

Em paralelo ao desenvolvimento de quinhentos anos atrás, (a hegemonia de nossos dias), os Estados Unidos não podem mais se proclamar líderes da comunidade global. Sua autopercepção como autoridade global não é mais incontestada. Sua liderança na ciência e na tecnologia é questionada.

A China, condutora e líder na marcha das economias emergentes, tem reivindicado uma posição mais forte na comunidade global e ganhado terreno, não apenas economicamente, como também quanto ao progresso científico, que por muito tempo foi dominado pelo Ocidente. A crise autoinfligida na democracia ocidental, a estagnação econômica e a polarização política alimentaram a tendência geral de uma mudança sistemática. O título apropriado foi, na verdade, *Mudança no jogo global*, publicado na China em 2015, e em 16 outros países desde então.

Mudança no jogo global tratou do *que* estava acontecendo. Mas não tocou na questão de *como* lidar com isso. Descobrir como lidar com a complexidade da mudança estava se tornando o centro do nosso interesse e, finalmente, levou-nos a escrever este livro: *Dominando as megatendências*.

CAPÍTULO UM

O surgimento do novo mundo: das megatendências individuais à mudança sistêmica e integrada

Em nosso livro anterior, *Mudança no jogo global*, mostramos os novos rearranjos globais e seus participantes. Ainda assim, se parássemos nesse ponto, não captaríamos completamente as características e a compreensão da transformação global que está acontecendo agora. Nas próximas décadas, as megatendências individuais levarão a uma mudança sistemática e integrada, uma transformação global: política, econômica, social e processual. E a velocidade com a qual tudo isso acontece está aumentando.

Uma coisa é entender e descrever as características das megatendências. Outra é compreender os impulsos que levam à mudança sistemática, integrada e disruptiva que está acontecendo globalmente em todos os setores econômicos e sistemas políticos. E outra coisa bastante diferente é determinar como dominar e potencializar essas megatendências.

De muitas formas — possibilitados e acelerados pelas novas tecnologias —, a matriz geopolítica, o cenário econômico e o mercado de trabalho estão se transformando, fazendo com que seja cada vez mais difícil acompanharmos e nos adaptarmos a esse enorme impacto. Quando escrevemos *Megatendências*, na década de 1980, não havia necessidade de repensar as estruturas globais de economia e de poder político. O Ocidente se manteve na dianteira, até mesmo fortalecendo sua posição. Mas, se quisermos antecipar o que irá transformar nossa vida nas próximas décadas, precisamos estar abertos para pensar novos arranjos na comunidade global e em muitas esferas da vida.

Dominando as megatendências da atualidade

Como já apontamos, a maioria das megatendências que precisamos dominar hoje em dia tem sua origem no século XX, quando muitas das tecnologias revolucionárias nasceram. As duas tecnologias mais disruptivas, que surgiram na segunda metade do século XX para ajudar a promover a transição da era industrial para a era da informação, foram os computadores e a internet. E essas duas tecnologias continuam a promover as megatendências atuais. As duas megatendências abrangentes são a digitalização e a globalização. Elas estão interligadas e influenciam e amplificam todas as outras tendências.

Digitalização

A *digitalização* (que é o processo de converter informação para o formato digital) dá suporte para as funções tanto dos computadores quanto da internet, possibilitando que a informação nos mais variados formatos — texto, foto, ilustração, áudio, vídeo, dentre outros — seja convertida, armazenada e comunicada eletronicamente. A princípio, ao facilitar a comunicação e o compartilhamento de informações, os computadores e a internet criaram uma plataforma que ajudou a promover a transição da era industrial para a era da informação. Há relativamente pouco tempo, essa mesma plataforma cresceu como espaço social, possibilitando que pessoas ao redor do mundo se comuniquem e compartilhem informação em tempo real. Atualmente, isso está transformando o modo como somos educados, como trabalhamos, produzimos, trocamos e compramos bens e serviços, como consumimos as mídias, votamos, e até mesmo como dirigimos nossos carros ou, talvez, como nossos carros nos dirigem.

A digitalização é uma força revolucionária fundamental que atravessa a maioria das indústrias e organizações governamentais. Um caso em questão é o das empresas de mídia que estão lutando para vencer na competição crescente pela atenção do público. No passado, os consumidores tinham acesso a um número relativamente pequeno de canais de TV, estações de rádio, jornais, livros, revistas e outras formas midiáticas para escolher. Atualmente, milhões de fontes e mídias sociais estão a apenas um clique — ou a um toque na tela — de distância. Essas empresas enfrentam competição não apenas umas com as outras, como também de empresas não-midiáticas e até mesmo de pessoas, que podem criar, gravar e postar uma enorme variedade de conteúdo em vários "canais" da internet, praticamente em tempo real. As empresas de mídia precisaram adotar uma abordagem multicanal, e muitas estão fracassando em fazer essa transição. Como destaca Grad Adgate, analista de mídia da Horizon: "Em uma época de entulhamento midiático, elas realmente estão abraçando a ideia de multicanais. Muitas empresas querem fazer isso, mas é muito difícil, porque se você se afasta do foco principal da sua empresa, pode acabar implodindo seu negócio".

16 • DOMINANDO AS MEGATENDÊNCIAS

Contudo, como escrevemos em *High Tech High Touch*, a tecnologia tende a ser contrabalançada pela resposta humana. Então, à medida que detectamos mudanças promovidas pela tecnologia, também observamos entre as pessoas uma necessidade crescente de atender ao seu lado humano. Um crescimento na tecnologia leva a um foco maior na natureza, na saúde, nos esportes, na música, na arte, na espiritualidade e em outras questões humanas básicas.

Infelizmente, essa necessidade de equilibrar o aumento da tecnologia com o da interação nem sempre evoca uma resposta humana. Nos Estados Unidos, por exemplo, o sistema educacional começou a mudar seu foco para cursos nas áreas de ciência, tecnologia, engenharia e matemática (representadas pelo acrônimo STEM, no original em inglês) em detrimento das ciências humanas e das áreas que alguns consideram investimentos de menor valor comercial. Por mais que se concentrar em STEM seja muito importante para formar uma mão de obra que saiba lidar com tecnologia de ponta, um dos maiores erros do sistema educacional é reduzir a quantidade de matérias e de atividades que desenvolvem a criatividade, como artes, música e esportes. Afinal, mesmo que diversas empresas de tecnologia tenham sido fundadas e sejam administradas por engenheiros, uma das mais bem-sucedidas, a Apple, é o resultado da mente criativa de Steve Jobs, um sujeito que achava a caligrafia chinesa mais inspiradora do que a beleza dos algoritmos perfeitos.

Globalização

A globalização de nossas economias — abordada no *Megatendências* de 1982 — continuou, mas com maior velocidade,

O SURGIMENTO DO NOVO MUNDO • 17

maiores interconexões e inter-relações, principalmente devido à digitalização. O que mudou foi a direção da força propulsora. Nos anos 1980, as tendências econômicas fluíam do Ocidente para o Oriente; atualmente, uma intensa mudança vinda de economias emergentes do sul em direção ao norte tem ganhado força e transformado a matriz geopolítica.

A ascensão do poder econômico da faixa sul levou ao aumento natural de sua influência política. A compreensão dos mindsets das economias emergentes é primordial não apenas para a transformação de um mundo centralizado no ocidente para um mundo multicêntrico, como também para a alavancagem do crescente poder aquisitivo dessas economias pelo universo corporativo ocidental.

Compreender a China, cujo crescimento tratamos em *Megatendências Ásia* e em *China: Megatendências*, não auxilia apenas na geração de insights e nos planejamentos estratégicos em longo prazo, como também facilita o acesso ao seu imenso mercado consumidor.

A implementação da internet abriu as portas para a criação de um novo mundo do trabalho, ainda em seu estágio inicial. Agora é o momento de levantar âncora e conseguir impulsionar o potencial das novas tecnologias.

Destaques das megatendências

À medida que nossas economias se tornarem cada vez mais conectadas, veremos uma maior integração a partir de um aumento de relações de uma cidade com a outra e com as áreas industriais. Em relação aos desdobramentos socioeconômicos, o impacto de uma crescente classe média global no consumo e nas demandas políticas será cada vez mais perceptível. E ficarão mais aparentes os diferentes desafios de dominar os dados demográficos de uma população que está envelhecendo e os dados de uma jovem e crescente mão de obra que aflui para o mercado de trabalho.

Em termos de economia e tecnologia, vemos o mundo caminhar em direção a um sistema global integrado. A digitalização está amplificando a interconectividade de empresas e de talentos para desenvolver novos produtos e serviços, além de originar novas indústrias. A digitalização possibilitará também oferecer uma educação de qualidade além das barreiras geográficas.

Na geopolítica, estamos saindo de um mundo centralizado no Ocidente para um mundo multicêntrico. Estamos testemunhando a ascensão das nações do Sul Global. Novas rotas comerciais serão potencializadas pela dinâmica da iniciativa chinesa "One Belt One Road", também conhecida como a "Nova Rota da Seda". Novas alianças econômicas estão abastecendo os processos de transformação do poder econômico e da relevância política.

A mudança no equilíbrio de poder na comunidade global será a megatendência que apresentará maior resistência. Em relação a todas as outras megatendências, seja a adaptação aos avanços tecnológicos ou a consequência do aumento da interconectividade e das inter-relações, seja a resolução de conflitos demográficos ou a luta por reformas na educação, ou ainda a implementação de medidas ambientais, nada nos abalará emocionalmente com tanta força quanto a mudança nas estruturas de poder da comunidade global.

Competição e cooperação: o papel dinâmico dos elementos

Nos últimos duzentos anos, o Ocidente foi a região dominante do mundo. Ele foi o condutor dos avanços econômicos, culturais e tecnológicos. A região também reivindicou o direito de estabelecer padrões nas esferas de negócios e política.

A ideia essencial para o Ocidente se autoproclamar superior foi a de que o progresso econômico só seria possível ao combinar democracia e economia de mercado. Não é exagero dizer que esta fórmula ocidental foi o modelo de sucesso do passado. Em todos os continentes, sua cultura celebrava um desfile vitorioso do estilo de vida ocidental, as práticas corporativas ocidentais, as roupas ocidentais e a comida ocidental. E, veja bem, quando consideramos o Ocidente, estamos falando de 17% da população mundial. Mas esses 17% controlam cerca de 75% da riqueza do planeta. Porém, isso está chegando ao fim.

A transição do mundo centrado no Ocidente para um mundo multicêntrico não acontecerá sem alguns solavancos pelo caminho, nem da noite para o dia. O período do qual seremos testemunhas e atores nessa transformação será a primeira metade do século XXI. Como em qualquer grande mudança, essa transformação virá com a necessidade de correção e adaptação às condições inovadoras. A Europa vive como se fosse a autoridade moral do mundo. Os Estados Unidos se enxergam como a nação abençoada por Deus, além de ser a maior economia do mundo desde a década de 1880. O país não tem o menor desejo de sair de cena e dar passe livre à China e às economias emergentes. Não subestimem a intensidade dessa mudança.

Obstinação ou ascensão pacífica

Não é possível falar sobre a nova matriz geopolítica sem analisar o novo papel da China neste cenário. O país é a principal peça na mudança do poder global, que descrevemos como a transição de um mundo centrado no Ocidente para um mundo multicêntrico em *Mudança no jogo global*.

Quando se trata de equilíbrio de poder, os militares podem rapidamente entrar na jogada. Por décadas, os Estados Unidos foram a única superpotência na comunidade global. Nos últimos trinta anos, o foco mudou das relações Estados Unidos-Rússia para a rivalidade Estados Unidos-China; tudo isso parte da longa competição geoestratégica entre os dois países. E a China iniciou um grande esforço para modernizar seu Exército de Libertação Popular. Além disso, embora ainda seja conhecida pela produção em massa, seu foco na economia e no militarismo tem sido em produção de qualidade.

Em junho de 2016, fomos convidados para assistir a um enorme desfile militar, na Praça da Paz Celestial, para celebrar o fim da Segunda Guerra Mundial. Não pudemos aceitar o convite, mas toda a imprensa mundial registrou a espetacular demonstração de precisão e marcha alinhada, posicionando-se simbolicamente não apenas pelo crescente poderio militar chinês, como também pelo alinhamento das massas atrás de seus líderes. Apoiados pelo direcionamento dos satélites chineses, os doze mil participantes não se afastaram mais do que poucos centímetros de seus postos designados.

Os comentaristas ocidentais da *BBC* descreveram o desfile como "o abandono da criatividade e da inovação a favor da uniformidade e da obediência". Já o editorial do jornal do governo chinês *Global Times* relatou: "A China era a mais fraca

O SURGIMENTO DO NOVO MUNDO ▪ 21

da história quando foi devastada pela Segunda Guerra Mundial. Mas, setenta anos depois, cresceu e virou uma milagrosa potência global."

Coexistência competitiva

A China é a condutora na transformação geoestratégica e na modernização militar da Ásia oriental. Ela está caminhando para reconquistar o status de superpotência. Seu crescente poder econômico mundial e o avanço de suas capacidades militares apoiam sua habilidade de reafirmar seu papel geopolítico e sua influência em seus três mares: o mar da China oriental, o mar da China meridional e o mar Amarelo.

Por um lado, a obstinação chinesa é afirmada por seu compromisso de ascender pacificamente. Seus crescentes laços econômicos com nações asiáticas, que ganharão importância à medida que a iniciativa chinesa "One Belt One Road" (OBOR) ganhar forma, darão respaldo às suas ambições de estabelecer uma duradoura integração e prosperidade econômica.

Apesar de todas as previsões de um brusco declínio econômico chinês ou até mesmo de sua queda, a OBOR chinesa colocará o país ainda mais sob os holofotes da comunidade global. E, com sua posição proeminente, sua influência está aumentando. Sem grandes dificuldades em seus ciclos eleitorais, a China é capaz de manter planos estratégicos duradouros e mudar o curso, se necessário. O sucesso do país enquanto oficina do mundo, até o momento, transformou-o no bode expiatório para as limitações do Ocidente, para os anos perdidos durante a adaptação ao impacto das mudanças na produção e no mundo do trabalho, negligenciando a construção de novas rotas de comércio e novos mercados.

E enquanto a China está analisando seus problemas sob a autoridade e a liderança de um sistema essencialmente unipartidário, os países ocidentais estão presos em brigas partidárias que bloqueiam os processos de tomada de decisão e as ações.

Dominando ou alimentando a crise da democracia ocidental

Ao olharmos para os Estados Unidos e para os países europeus, vemos descontentamento e desinteresse quanto às instituições políticas. Os políticos e os partidos de direita estão ganhando terreno. O nacionalismo e o protecionismo são crescentes, e o descontentamento, a desconfiança e a divisão atingiram níveis preocupantes. A tarefa é grande. Há mais de uma década, os Estados Unidos têm lutado para encontrar uma nova fórmula para alcançar os patamares de crescimento do passado. A crise não começou em 2008, mas foi ali que ficou mais óbvia. Os Estados Unidos têm hoje dois milhões de empregos a menos, e muitas pessoas precisam trabalhar em mais de um lugar para conseguir pagar as contas no fim do mês. [o leitor deve ter em mente que este livro foi lançado em 2018 e dados estatísticos podem variar.] A fraqueza dos investimentos e a redução da produtividade estão abafando a antiga capacidade do país de se recuperar.

As profundas diferenças entre republicanos e democratas, e o fracasso da liderança de ambos os partidos para superar essas diferenças, levaram a um impasse governamental, paralisando o país e comprometendo sua capacidade de lidar efetivamente com desafios sérios e significativos: o débito nacional que segue aumentando, o sistema de seguridade social que está ficando sem dinheiro, a diminuição de oportu-

O SURGIMENTO DO NOVO MUNDO ▪ 23

nidades para os trabalhadores pouco qualificados, o sistema de saúde mal projetado, o aumento nas ameaças terroristas, o desequilíbrio comercial, o sistema sucateado de educação pública, questões com a imigração ilegal, o enfraquecimento das forças armadas norte-americanas e a desconfiança que os cidadãos têm quanto aos políticos dos quais dependem para resolver todas essas questões.

Isso resultou na eleição presidencial de 2016, que colocou dois candidatos em lados opostos: um improvável e o outro desfavorável. Donald Trump ganhou sem um programa político, ao compreender os sentimentos daqueles que se opõem às autoridades políticas, à globalização, à imigração e à liberalização, sentindo-se abandonados e derrotados.

Não é de espantar que a raiva e a emoção sobrepujaram os argumentos racionais de como *realmente* tornar a "América" grande outra vez, como conseguir crescer e revitalizar a economia norte-americana. Como escrevemos antes, o obstáculo não é o potencial do povo norte-americano e sim, a polarização, a incompetência e a resistência de políticos apegados a estruturas políticas.

A morte ou o renascimento do sonho norte-americano?

Não aconteceu de repente. Ao longo dos anos ficou evidente para nós que o domínio ocidental chegaria ao fim. Isso não é necessariamente bom ou ruim, é uma consequência da ascensão econômica de países não ocidentais, principalmente a China e, logo atrás, as economias emergentes da África e da América Latina. Levando em consideração a história da China, isso não deveria ser nenhuma surpresa. O surpreendente é a mudança na política norte-americana. Independentemente de você ser a favor ou contra o atual presidente dos Estados Unidos, de estar chocado ou aliviado, não é a terrível campanha eleitoral que é decisiva, e sim, o que o ex-presidente Trump poderia ter conquistado ou destruído durante um novo mandato. O slogan "tornar a América grande outra vez" não é o suficiente para tornar a América grande outra vez. Assim como "Juntos somos mais fortes", o slogan de Hillary Clinton, não foi suficiente para ganhar a eleição. Agora, a questão não é ser contra o sistema, mas como reformá-lo.

Em uma escala global, previmos, pelo menos em parte, que o vencedor seria a China. O desempenho dos Estados Unidos foi um estímulo para a autoconfiança política chinesa, um fortalecimento do apoio doméstico para o modelo de governo chinês e um reforço de seu posicionamento entre os seus aliados. A declaração do presidente Trump sobre a saída dos Estados Unidos da Parceria Transpacífica, que excluiria a China, e sobre a interrupção das negociações da Parceria Transatlântica de Comércio e Investimento está abrindo mais espaço para a China conquistar um papel de liderança e confiança no comércio internacional. Quem imaginaria que, ao visitar o Peru, em novembro de 2016, o presidente chinês, Xi Jinping, assumiria um forte compromisso com o livre comércio e a proteção ambiental, enquanto o mundo teme que os Estados Unidos fechem suas portas para o comércio e neguem as alterações climáticas?

Esse desdobramento recente apoia os objetivos estratégicos da China. Em nosso livro *China: Megatendências*, escrevemos que a China é governada como se fosse um empreendimento e extremamente direcionada por seus objetivos. Para se tornar membro do Partido Comunista Chinês, a qualificação é a chave; sua meritocracia no âmbito político remonta a milhares de anos. Provar a liderança em cargos cada vez mais importantes — como prefeito, governador e secretário do partido — é necessário para subir na hierarquia política. Estamos para ver se um principiante na política conseguirá reestruturar o "empreendimento americano".

É um clichê, mas o que testemunhamos é uma trajetória "a passos largos para o abismo". No entanto, na opinião das pessoas que se guiam por oportunidades, quando chegamos ao fundo do poço, só nos resta uma opção.

União Europeia: como dominar 28 mindsets

Do outro lado do oceano, a União Europeia, apesar de ser uma excelente iniciativa, empacou no fato de que nenhum dos seus membros — os líderes nacionais — consegue servir a dois senhores, atendendo aos interesses de seus países e aos da União.

Servindo a dois senhores

Sob o título "Europa: a transformação em parque temático", escrevemos (quando ainda tínhamos uma visão mais otimista quanto aos Estados Unidos) em *O líder do futuro*, em 2006:

> A "estátua da Europa" tem 25 mindsets e dois corações. Os mindsets de 25 países estão combinando ingredientes que não se misturam: tradição, ambição, bem-estar e liderança econômica. Seus dois corações batem em ritmos diferentes, um pela supremacia econômica e outro pelo bem-estar social. Orgulho e ambição, ambos querem ter a razão.

Mas, para alcançar cada um de seus objetivos, eles precisam ceder, e nenhum lado está disposto a fazer isso. A experiência nos faz crer que a Europa muito provavelmente se tornará um parque temático de história para americanos e asiáticos abastados, em vez da região com a economia mais dinâmica do mundo, como ela declarou que queria ser.

Naquela época, a União Europeia contava com 25 membros. Acrescentar mais três países — Bulgária, Romênia e Croácia — não facilitou o processo.

Um levante contra a "elite"

Em muitos países da União Europeia, as pessoas se manifestam contra "os ricos" e seguem o canto das sereias dos políticos de direita, como Marie Le Pen, na França; Geert Wilders, na Holanda; o partido alemão Alternativa para a Alemanha (AfD); o italiano Beppo Grillo; o austríaco Heinz Christian Strache — a lista é longa.

Suspeitamos que a democracia ocidental tenha chegado a uma encruzilhada. Ser contra a "elite" não é o suficiente. Um choque cultural apoiado por slogans populistas, que alimenta divisões e desconfiança generalizada em um país, acontece por causa da perda de identidade, de filiação social e, acima de tudo, de esperança. Ou conseguiremos chegar a um consenso para crescer e lidar com os problemas ou escolheremos o caminho mais difícil e aprenderemos ao experimentar as consequências de dar ouvidos aos nacionalistas e oportunistas.

Dominando a crise?

O primeiro passo para alavancar oportunidades é se livrar de barreiras recentes. Isso vale tanto para questões pessoais quanto para públicas. Ao analisarmos a China e a Coreia do Sul, suas ascensões não seriam possíveis sem uma limpeza nas suas ações. "Buscar a verdade dos fatos" foi um dos pilares para apoiar mudanças radicais de governo. A solução para as democracias ocidentais não está em um retorno às estruturas autocráticas de governo, como está acontecendo na Hungria e, em maior medida, na Turquia.

A solução é derrubar barreiras e procurar um consenso a partir do qual os sistemas multipartidos possam crescer, e impedir opiniões contrárias de gerar oportunidades. É votar em diferentes partidos; mas, depois da eleição, integrar as diferenças para um todo melhor. Funcionou por muito tempo e poderia funcionar de novo se compreendêssemos nosso papel nesse processo.

Só dominamos as megatendências que identificamos

Ainda vai demorar para solucionarmos a crise atual, e o mundo não para nem espera, mas isso não deveria nos impedir de refletir sobre a nossa perspectiva e sobre as nossas oportunidades. Um período de transição é um período de ação. Apesar de toda a tristeza e todo o desespero dos meios de comunicação de massa, e o clima de frustração reforçado pelos "likes" e "retuítes" nas câmaras de ressonância que chamamos de redes sociais, você pode e deve escapar da onda de negatividade, afastar-se de opiniões preconcebidas e reavaliar seus julgamentos.

Informação correta e completa é a chave. Ao coletar fatos e informações, a mídia de qualidade é essencial e com certeza vale a pena pagar para recebê-la. Mas isso é só parte das informações que precisamos. À medida que prosseguimos em descrever a transformação, usaremos exemplos e forneceremos ferramentas que ajudarão a desenvolver seu próprio sistema de navegação pela informação para fazer seus próprios julgamentos, com mindsets que permitem a formulação de uma perspectiva realista da primeira metade deste século.

Um velho mundo está sumindo e um novo mundo está surgindo

Independentemente do que tem em mente, você pode olhar para isso sob uma perspectiva positiva ou negativa. Você pode até escolher ignorar isso e esconder a cabeça na areia. Encorajamos a escolha do ponto de vista otimista e adoramos citar George Bernhard Shaw, que escreveu:

> As pessoas estão sempre culpando as circunstâncias pelo que elas são. Não acredito em circunstâncias. As pessoas que prosperam nesse mundo são aquelas que levantam e olham para as circunstâncias que querem e, se não conseguem achá-las, elas as criam.

A partir de uma visão realista do futuro e de insights de onde os novos centros de atividade e poder estão se desenvolvendo, você pode planejar sua carreira e suas decisões de negócios para tirar vantagem do que está por vir. Nosso objetivo é criar um melhor entendimento do ambiente global que está se desdobrando e ajudar a superar barreiras que podem impedir a realização de todo o seu potencial. O livro que você tem em mãos agora lhe ajudará a ter foco e a aproveitar as oportunidades futuras, sejam elas quais forem. A transformação está a caminho. Você não pode pará-la, mas tem o poder de escolher se está dentro do jogo ou fora dele!

CAPÍTULO DOIS

Como fazer julgamentos e dominar emoções

"Encruzilhada de transformação" foi o tema da conferência do Fórum Internacional de Mulheres que aconteceu em outubro de 2016, em Chicago. As declarações e as perguntas levantadas mostraram que a conscientização sobre a profunda mudança que se impõe a nós é tangível, assim como o reconhecimento de que devemos nos preparar para aproveitar as possibilidades:

> A velocidade das mudanças se multiplica exponencialmente a cada década. Como uma sociedade global, estamos no cruzamento do que é e do que há de ser. Como devemos nos preparar? O que precisamos saber? Quais são as melhores possibilidades que virão por aí para indivíduos, nações e para o nosso mundo?

No entanto, mesmo tendo níveis semelhantes de conhecimento, as pessoas têm opiniões muito diferentes quanto ao que acontecerá e sobre onde estarão as possibilidades.

Não se baseie em imagens preconcebidas

Nós costumávamos comparar a visão do futuro com um quebra-cabeças. A comparação, entretanto, tem um erro imenso: um quebra-cabeças traz uma imagem predefinida, e não importa quantas peças tenha, só existe um jeito de uni-las. Em contraste, quando imaginamos o que o futuro reserva, normalmente temos diferentes peças na nossa cabeça, e conseguimos montá-las de maneiras diferentes, criando imagens diferentes. Pode-se argumentar o quanto a imagem na nossa mente determina o resultado. Mas, considerando nossa vida — o quanto conseguimos escolher, usar, influenciar e criar as circunstâncias nas quais vivemos —, o otimismo, a determinação e a persistência nos levarão muito mais longe do que o pessimismo. Como escreveu o romancista francês Alphonse Karr: "Algumas pessoas reclamam que as rosas têm espinhos; eu sou grato por espinhos terem rosas."

Esteja preparado e sempre vigilante

Em uma escala global, poucos cenários desejáveis podem acontecer da maneira que queremos. Por isso é difícil esboçar um panorama que se sustente por muito tempo para nossa vida. Muitos fatores podem interferir; surpresas nos obrigam a mudar a rota. E se já é difícil delinear um caminho para nossa vida pessoal, pela qual somos responsáveis, parece quase impossível desenhar o futuro dos desdobramentos mundiais. A questão principal, tanto em planejar nossa vida como em antecipar o contexto no qual viveremos, é obter as melhores informações possíveis para que estejamos preparados para capitalizar as oportunidades, à medida que elas se apresentarem.

COMO FAZER JULGAMENTOS E DOMINAR EMOÇÕES • 31

Somado ao desafio está o fato de que as oportunidades não chegam a torto e a direito. À primeira vista, elas podem até parecer desvantagens, inseridas em um ambiente geral bastante desencorajador. Quase noventa anos atrás, Napoleon Hill, um dos primeiros autores de livros sobre sucesso pessoal, descreveu as várias características das oportunidades. Em seu clássico best-seller *Pense & enriqueça*, Hill diz que as oportunidades normalmente aparecem de uma forma diferente ou vindas de uma direção não esperada:

> Este é um dos truques da oportunidade. Ela tem o malicioso hábito de chegar sorrateira pela porta dos fundos, e com frequência vem disfarçada de infortúnio ou fracasso temporário. Talvez seja por isso que muitos falhem em reconhecer oportunidades.

Hill escreveu seu livro para um público norte-americano em um período no qual o que acontecia nos Estados Unidos era basicamente tudo o que importava para planejar a vida. E, embora os Estados Unidos ainda estivessem sofrendo com o colapso econômico de 1929 e suas consequências, ele tinha certeza de que "nunca, na história, houve oportunidades tão incríveis", mas também alertou que "aqueles que têm medo de novas ideias estão fadados ao fracasso mesmo antes de começarem".

Rearranjos não destroem expectativas, mas promovem novos cenários

Novas ideias e condições podem ser assustadoras se não soubermos o suficiente sobre elas. E, como escrevemos neste capítulo, o medo é uma arma poderosa para a comunicação de massa. *Apocalypse Now* foi o título de um artigo da revista *Der Spiegel*, que questionou se 2016 seria o pior ano do século XXI. Concordamos com Mathieu von Rohr, o autor do texto, que, de certa forma, o mundo perdeu o ritmo, e que algo está "fermentando". Mas o modo como enxergamos isso depende de nós.

Podemos ver a mudança como um rearranjo que traz oportunidades ou como uma ameaça que acaba com as expectativas com as quais já nos acostumamos. Sem dúvida, vivemos uma época de instabilidade, mas estamos experimentando uma mudança no jogo global. Se essa mudança é boa ou ruim, depende de como a enxergamos, do quão bem-preparados estamos para ela e do quão eficaz é nossa resposta às oportunidades que ela traz consigo. Olhar para o passado desvincula as emoções e nos dá uma perspectiva mais realista das oportunidades e dos riscos que acompanham as megatendências.

Aprendendo com o passado

A maioria das pessoas se lembra da mudança que aconteceu em 1989, quando, após a queda da União Soviética e o fim da Guerra Fria, o equilíbrio do poder na comunidade global mudou. Foi o fim de um cenário aterrorizante de guerra fria e de uma competição econômica entre as ideologias da União Soviética e do ocidente. Também marcou o início de um curto período onde o líder do ocidente, os Estados Unidos, tornou--se a hegemonia, a potência mundial dominante. No fim, foi a velocidade na qual tudo aconteceu que nos surpreendeu.

Ao ler sobre o pano de fundo histórico e os esforços que, por diferentes motivos, foram feitos principalmente pelos Estados Unidos e pela Alemanha, percebemos que os eventos de 1989

COMO FAZER JULGAMENTOS E DOMINAR EMOÇÕES ▪ 33

não aconteceram do nada. Além das estratégias políticas e do planejamento, algumas empresas estavam especulando quando e como elas conseguiriam impulsionar a abertura de novos mercados no oriente. Cerca de uma década depois da queda da União Soviética e da Cortina de Ferro que separava a Europa oriental da ocidental, só na pequenina Áustria a exportação para o oriente quadruplicou. Em sete anos, o PIB aumentou em 3,3% e quase sessenta mil empregos foram criados.

Comparada com a abertura relativamente pequena da Europa oriental, a abertura dos mercados na África, na Ásia e na América Latina e a ascensão da classe média em escala mundial carregam um potencial muito maior. Certamente precisamos nos manter cautelosos. No primeiro momento de euforia com os novos mercados europeus, aqueles que superestimaram as oportunidades de negócios, calcularam mal os riscos e ignoraram a diferença de perfil dos consumidores tiveram que enfrentar perdas em vez de lucros.

No entanto, mudanças políticas não são necessárias para abalar mercados estabelecidos. A regra para entender os mercados é sempre verdadeira para todos os ramos. Observemos o ramo editorial, que devido aos seus muitos aspectos locais é um negócio relativamente pequeno e gerenciável. Por muitos anos, a principal fonte de renda das revistas e dos jornais foi a publicidade. Além dos altos e baixos da economia, a publicidade está intimamente ligada ao número de leitores. Ao longo dos anos, esse ramo perdeu leitores, que passaram a buscar informações na internet. Em paralelo, as propagandas impressas vêm diminuindo assim como a circulação de mídias impressas. Ouvimos as reclamações e os lamentos, mas o que foi feito para nos adaptarmos às condições bastante previsíveis de mudança? Muito pouco. Apesar de a internet ser a principal mídia na qual se investe dinheiro em publicidade mundialmente, muitas mídias impressas ainda vivem uma fase de negação. Por isso a surpresa quando, em agosto de 2016, foi anunciado que o Facebook e O Google controlavam 72% da publicidade on-line no mundo (excluindo a China).

Trabalhando contra a inércia da mente

Qualquer negócio, local ou global, precisa de uma atualização constante no ambiente em que atua. Para permanecer no jogo, você tem que estar atento ao cenário em transformação, desejar e ser capaz de se adaptar. Um grupo que se adapta lentamente é o acadêmico. Ainda existe muita desconexão entre os negócios e o mundo acadêmico. Por exemplo, apesar do entendimento geral da importância dos formandos em informática na economia atual, a Austria's Technical University (Universidade Técnica da Áustria) cortou as vagas universitárias nessa área pela metade. Em sistemas educacionais inflexíveis como esse, a inércia resiste às correntes de mudança e à necessidade de um pensamento mais abrangente. Sem reforma educacional para tratar das necessidades das empresas, a competitividade de um país cairá.

O futuro é um conjunto e uma combinação de eventos locais e globais, sendo bastante guiado por novas tecnologias. Quanto mais compreendemos as condições estabelecidas, mais precisas serão as conclusões e as conexões que podemos tirar do panorama em transição; mais conseguiremos determinar nosso próprio caminho nesse cenário.

Isso é verdade em quase todos os níveis, das pessoas às comunidades, das cidades aos países, desde uma sociedade unipessoal a uma empresa multinacional. Um certo grau de incerteza permanecerá, mas como lidamos com isso depende de nós.

COMO FAZER JULGAMENTOS E DOMINAR EMOÇÕES • 35

Poucos se sentem como nosso vizinho Fernando Di Filippo, ex-advogado de Nova York e fundador e CEO da empresa de televendas europeia DMC, que considera a incerteza e os obstáculos "o sal na sopa".

"A única certeza é a incerteza" tornou-se um mantra. E dependendo se você adota uma abordagem otimista ou temerosa, as portas se abrem ou fecham. Para alguns, a mudança é útil como desculpa para não estar preparado e ser pego de surpresa. É um instrumento conveniente para explicar oportunidades perdidas. Mas, como o exemplo abaixo irá mostrar, para uma mente aberta, muitos desenvolvimentos são previsíveis. Como mencionado antes, os sinais que indicam a abordagem de oportunidades não são tão claros quanto o apito anunciando a chegada de um trem, mas geralmente são fortes o suficiente para permitir que você se prepare para quaisquer oportunidades imprevistas que eventualmente surjam.

Acompanhando os ambientes em transformação

Os fatos e as possibilidades do presente formaram a base para as conclusões do *Megatendências*, de 1982, que se concentrou na transformação dos Estados Unidos. Ele foi a base do *Megatendências Ásia*, de 1994, que descreveu as forças que agiam alterando a maioria das nações asiáticas. *O líder do futuro*, de 2006, ofereceu orientação sobre como usar os mindsets para identificar cenários futuros e apresentou quais seriam os desdobramentos futuros da época. Um capítulo abordou a União Europeia sob o título "Declínio garantido mutuamente". A conclusão se baseou no que já podia ser observado à época, mesmo que a euforia quanto à União Europeia ainda fosse grande.

36 • DOMINANDO AS MEGATENDÊNCIAS

O Brexit, que em determinado momento foi quase inimaginável, foi só um fator, mas mostrou-se um ponto de partida e tanto para o declínio da União Europeia. E por mais que possamos argumentar que os flautistas mágicos da política fizeram falsas promessas para alcançar seus objetivos, também é verdade que a própria União Europeia lançou as bases para o sucesso de sua oposição.

É causa e efeito, e nem sempre tem o desfecho que nós gostaríamos. Mas essa não é a questão aqui. Este livro, assim como os anteriores, não trata das nossas preferências, mas sim das probabilidades. E é sob essa bandeira que rascunhamos o cenário da mudança do jogo global.

Objetividade e emoções

Como já afirmamos, estamos prestes a experimentar mudanças sistemáticas, integradas e revolucionárias na política, na economia e na tecnologia, agravadas pelo fato de que não existe um ponto central do qual se possa extrair uma cosmovisão válida universalmente. Não há exatidão universal sobre como uma situação deve ser julgada. No século XV, quando surgiu a inflamada controvérsia quanto à visão de mundo (geocêntrica contra a heliocêntrica), a opinião defendida com mais garra não conseguiu mudar a verdade inabalável de que o Sol era o centro do universo conhecido até então, e não nosso planeta Terra.

Quando debatemos a questão de o ocidente permanecer hegemônico ou ser substituído por um mundo multicêntrico, ficam questionamentos das muitas perspectivas, tais como se alguém acredita que isso vai acontecer de fato e se trará benefícios ou desvantagens. Começa na maneira como percebemos a mudança, que leva a como implementamos nossas habilidades e criamos estratégias de manobra. A hegemonia do ocidente tem seu lado bom, mas agora ele tem muita instabilidade interna. Onde e como os Estados Unidos estão assentados? Quais são as âncoras da União Europeia?

A liberdade pessoal é uma conquista imensa. Mas mesmo assim, pode ser mal utilizada. Provar que o outro lado está errado parece ter se tornado a diretriz subjacente dos democratas e dos republicanos norte-americanos. Na nossa vida pessoal, o autoconhecimento, a compreensão de quem somos e de como os outros nos percebem é um pré-requisito para a harmonia do nosso mundo interno e do externo. Nossa reputação, como pessoas e como países, é definida pelo ambiente no qual transitamos.

Espelho, espelho meu

Ao tentar visualizar como será uma nova ordem mundial, lembramos dessa fala de *Branca de Neve e os sete anões*, dos irmãos Grimm:

> Espelho, espelho meu, existe alguém mais bela do que eu?

Atualmente, quase tudo pode ser medido, mas são as emoções que definem nossos comportamentos. O anseio do presidente Obama de que "os melhores dias dos Estados Unidos ainda estão por vir" pode muito bem se realizar, não como uma reprise do passado, mas a partir de esforços feitos agora e no futuro. Mas se a comunidade global receberá a afirmação de Obama como uma notícia boa ou ruim depende de como enxergam emocionalmente os Estados Unidos. O mesmo vale para a China. Sua ascensão e sua posição cada vez mais importante na comunidade global podem ser encorajadoras para as nações emergentes e para os países que querem ver um equilíbrio em relação ao domínio ocidental. Mas também podem ser vistas como uma ameaça às conquistas, ao progresso econômico, aos direitos humanos e à liberdade de expressão do ocidente. Em um nível interno, o "sonho chinês" pode ser encorajador, mas os chineses precisam saber exatamente o que ele é antes de se conectarem emocionalmente e contribuírem com o impulso inicial necessário para que ele se torne uma realidade.

A União Europeia pode se tornar o que almejava, caso decida o que quer ser e aja de maneira que as pessoas consigam confiar nela.

O potencial humano do continente africano não é menor do que o de outros, mas é de longe o menos percebido. As pessoas que não acreditam ter uma chance acabam não se esforçando. Suas esperanças são minadas pelo sentimento de impotência em relação ao poder e à ganância de governantes.

A América Latina tem a capacidade de se livrar do que a mantém empacada e a um passo de seu futuro promissor. Mas até mesmo o mais dinâmico temperamento latino-americano pode ser colocado para hibernar devido à má administração e à corrupção. Às vezes, parece que a política é a única profissão que recompensa o fracasso.

Tecnologia, economia e sociedade

É difícil se familiarizar com o cenário em transformação que temos hoje, pois não estamos lidando com megatendências nos campos econômico, político-social ou tecnológico e sim, com uma transformação sistêmica, que chacoalha e reorganiza os fundamentos da geopolítica e da economia, e tudo isso acontece em paralelo e interconectado, graças à tecnologia.

Mas não há motivo para se preocupar. O único perigo à espreita é se agarrar a uma mentalidade ultrapassada, acreditando que podemos parar o tempo e continuar fazendo tudo da mesma forma que antes. Na nova ordem mundial, o sucesso norte-americano não será alcançado pela promessa surreal de retomar empregos em fábricas e minas.

Isso nos faz lembrar que continuamos dirigindo nossos carros utilizando um sistema de navegação desatualizado. Repetidamente ouvimos uma voz que nos instrui a virar à direita ou à esquerda, quando tudo o que vemos é uma rua sem saída ou, às vezes, rua nenhuma. Isso nos irrita, mas não levamos o carro à concessionária para reprogramar o sistema. Consequentemente, não podemos reclamar quando tomamos o caminho errado. É nossa responsabilidade levar o carro para uma revisão. Dirigir com um GPS desatualizado é como tentar navegar pela vida com uma visão obsoleta do ambiente global.

Alguns dos últimos acontecimentos nos preocupam simplesmente porque não os colocamos no contexto atual ou ainda estamos vivendo o passado. Olhando para trás, é fácil entender como as condições globais mudaram e como a velocidade com que as pessoas se adaptaram (ou, melhor ainda, previram as mudanças) influenciou a vida delas. Apenas pense no quanto a primeira revolução industrial mudou a maneira como os produtos eram fabricados e as empresas eram administradas, e como ela transformou o mundo do trabalho.

Os motores a vapor, que primeiro impulsionaram as fábricas no fim do século XVIII, foram motrizes da primeira revolução industrial e tiveram profunda influência econômica e social. Henry Ford dominou com maestria essa megatendência quando começou a produzir carros em linhas de produção em 1913, dando início à segunda revolução industrial. O novo método de fabricação aumentou a produtividade ao mesmo tempo em que melhorou a segurança do trabalhador. Em meados dos anos 1970, a microeletrônica levou a outra mudança no trabalho industrial, introduzindo os controladores de programação computacional e ainda outra profissão, a de engenheiro de software; tudo viabilizado pela energia elétrica.

Agora, estamos encarando a próxima mudança, a revolução industrial digital, a Indústria 4.0. Esse termo vem da estratégia de alta tecnologia, do termo alemão Forschungsunion (sindicato de pesquisa), um comitê de assessoria do governo alemão para assegurar a implementação da quarta revolução industrial. O Boston Consulting Group estima que a chegada da Indústria 4.0, ou a internet das coisas (Internet of Things - IoT), criará cerca de quatrocentos mil empregos na próxima década, e isso só na Alemanha. Isso contradiz o alerta que ouvimos com frequência de que a produção digital levará à perda de milhões de empregos. De uma coisa podemos ter certeza: haverá uma diminuição significativa de empregos sem qualificação nas indústrias.

Preparado para a Indústria 4.0?

Em um estudo feito em 2015, a McKinsey pesquisou trezentas empresas líderes no setor da indústria e descobriu que apenas 48% delas se consideravam prontas para atuar na Indústria 4.0. "Apenas 30% dos fornecedores de tecnologia e 16% dos produtores têm uma estratégia integrada em andamento para a

Indústria 4.0, e apenas 24% estabeleceram tarefas simples para implementá-la."

O futuro dos produtores e dos fornecedores será muito influenciado pela agilidade e pelo rigor com que os empresários adaptarão seus portfólios e reagirão às oportunidades e aos desafios apresentados pela revolução digital. O estudo mostra uma preparação que varia de boa a substancial nos Estados Unidos (50%) e na Alemanha (56%), e a taxa surpreendentemente baixa de 16% no Japão.

A estratégia chinesa "Made in China 2025" delineia planos para melhorar e aprofundar a implementação da Indústria 4.0 entre 2016 e 2020, o período de cinco anos de planejamento da estratégia. Mesmo com seu memorando de que entende que deve ampliar a cooperação entre Alemanha e China no desenvolvimento de tecnologias de produção inteligente, em julho de 2015, a linha entre cooperação e competição será tênue [Mais informações no site em inglês: http://economists-pick-research.hktdc. com/business-news/article/Research-Articles/China-s-13th- -Five-Year-Plan-Made-in-China-2025-and-Industrie-4-0-Coo- perative-Opportunities/rp/en/1/1X000000/1X0A6AZ7.htm].

A transformação de todo um sistema

A transformação da indústria pelas tecnologias digitais é apenas um segmento. A vida profissional será influenciada pela velocidade com que os sistemas educacionais levarão as mudanças em conta e finalmente começarão a se transformar.

As tecnologias digitais não impactam apenas o futuro da indústria e sua força de trabalho. A distribuição, o marketing e o consumo também estão mudando. Pense no quanto o download de músicas transformou a indústria fonográfica ou como a internet levou ao declínio das enciclopédias impressas. A lista é longa. Lidaremos com essas muitas facetas no Capítulo Seis.

A influência da tecnologia tem um impacto enorme não só em como fazemos o que fazemos, como também um forte impacto social. Ela cria oportunidades econômicas para pessoas em países emergentes, que até o momento estavam praticamente excluídas de conseguirem uma fatia do crescimento econômico.

Passamos um ano estudando os desdobramentos socioeconômicos em Chengdu, na província de Sichuan, na China. Muitos empregos foram criados devido às novas tecnologias, e parques de alta tecnologia começaram a crescer como capim. A tecnologia possibilitou que alunos assistissem vídeos com professores super qualificados quando as escolas locais não conseguiram suprir essa demanda. Fazendeiros que mal sabiam ler aprenderam, por meio de vídeos, como aumentar sua produtividade, e mulheres passaram a vender seus produtos artesanais on-line. A lista é longa. Sem o progresso e o desenvolvimento da tecnologia, o crescimento da classe média global não seria possível.

E ainda assim, estamos apenas iniciando um processo de tecnologias revolucionárias. A tecnologia blockchain, que é imutável, à prova de falsificação e que distribuiu registros digitais, supostamente tem a capacidade de revolucionar a economia mundial. [Mais informações no site em inglês: http:// www.mckinsey.com/industries/high-tech/our-insights/how--blockchains-could-change-the-world]. Com a blockchain, as redes empresariais usam registros compartilhados para mapear transações e patrimônios, o que aumenta a confiança e a transparência, reduz custos e otimiza operações.

Ao mesmo tempo em que transforma pré-requisitos econômicos e, consequentemente, estruturas sociais, a tecnologia se

COMO FAZER JULGAMENTOS E DOMINAR EMOÇÕES ▪ 43

tornou uma poderosa ferramenta política. Seja para organizar protestos, como uma ferramenta de diálogo para os governos, para aumentar eficiência, ou para melhorar a comunicação, ela pode operar como uma poderosa rede de iniciativas hierárquicas e populares.

Por mais que esses assuntos sejam abordados com mais detalhes posteriormente neste livro, as profundas mudanças na produção e no trabalho, as transformações socioeconômicas e a maneira como a política funcionará hierárquica e popularmente estão ficando óbvias mesmo tendo o processo apenas começado.

A transformação da comunidade global

Somos criaturas de hábitos — não apenas em relação ao que fazemos e a como vivemos, como também a como enxergamos as coisas. Isto inclui nossa visão da comunidade global. Quando falamos sobre esta, nos referimos a uma lista de 206 países, sendo 193 deles membros das Nações Unidas. Até o momento, nem todos apresentaram a mesma visão de mundo. A forma como vemos o mundo e o lugar do nosso país nele depende muito da realidade interna e pessoal de onde enxergamos. Desconsiderando circunstâncias pessoais, a realidade interna, os relacionamentos e o status do nosso país na comunidade global são moldados pelas condições políticas e, embora em menor grau, pelas ideologias.

Se olharmos o quadro geral das últimas décadas, enxergaremos o mundo dividido em blocos. Há não muito tempo, até os anos 1980, o comunismo (no oriente) e o capitalismo (no ocidente) eram as ideologias basais para os dois blocos. Com o desmonte da União Soviética e a crescente performance capitalista de países que haviam sido comunistas, a diferença mais significante foi estabelecida entre as economias industriais e emergentes. Por mais que neste livro continuemos usando a expressão "economias emergentes", ela não é atual e pode ser enganosa. Alguns países, incluindo a China, têm ambas as características, são sociedades emergentes e industriais. O Qatar, que tem uma das maiores rendas per capita do planeta, ainda é chamado de economia emergente.

Guiada por oportunidades ou controlada por problemas

Assim como as pessoas, muitos países têm mindsets coletivos, e alguns tendem a direcionar seu foco para os problemas, enquanto outros são voltados para as oportunidades. A China e os Estados Unidos são bons exemplos de países voltados para oportunidades, e cada um deles manifesta isso de maneira diferente. Analisemos os FDI, ou investimentos estrangeiros diretos, no original, como exemplo. Os investimentos norte-americanos são direcionados pelos fundamentos do mercado, levando em conta se um país ou regiões oferecem um bom retorno. Os FDI chineses são estreitamente ligados às considerações políticas estratégicas e ao planejamento em longo prazo. As forças do mercado são secundárias.

Nos seus processos de tomada de decisão, a China está disposta a fazer mudanças radicais em suas estratégias (para o bem e para o mal) se elas parecerem necessárias. No fim dos anos 1970, quando a China estava falida e impossibilitada de resolver sua situação econômica catastrófica, ela deu uma guinada de 180°, empreendendo uma abertura estratégica, coletiva, centralizada e planejada às oportunidades oferecidas pela economia de mercado que eles haviam condenado. E, mesmo a estrutura e os objetivos tendo sido estabelecidos pelo governo central para os governos locais, gradualmente ampliaram-se as estruturas nas quais os cidadãos poderiam operar livremente.

Os Estados Unidos escolheram outro caminho. Seu mindset voltado para oportunidades é baseado na sua história como uma nação de imigrantes — pessoas que correram atrás da oportunidade de deixar seu país de origem para se tornarem parte de um novo mundo. Uma grande parcela dessas pessoas criativas acreditou que poderia forjar seu futuro e, consequentemente, o futuro do país, individualmente. Foi a sopa de ideias, os esforços de incontáveis pessoas criativas e ambiciosas que deram origem ao que um dia seria conhecido como o "sonho americano".

Otimismo equiparado à diligência e à estratégia

Um dos países que se destaca por buscar oportunidades é Israel. Nos primeiros 42 meses depois de sua fundação em 1948, seus 685 mil imigrantes ultrapassaram o número de pessoas que haviam se estabelecido ali há mais tempo. Na primeira década, Israel teve que gerenciar a maior onda migratória dos tempos modernos. O desafio não era apenas o grande número de imigrantes, como também suas condições duramente traumáticas e sua baixa escolaridade. O jovem país estava perto de perecer sob o peso de seus problemas. Em meados de 1951, quase metade dos imigrantes vivia em instalações emergenciais, o desemprego beirava 15% e a inflação havia subido para 30%. Enquanto buscava todos os meios de levantar recursos por meio de um acordo de reparação com a Alemanha, firmando laços com a comunidade judaica, aumentando os impostos e reduzindo despesas militares, o país concentrou seus esforços em três áreas: construção de moradias, desenvolvimento agrícola e por fim, industrialização, tudo isso concretizado graças à energia praticamente incansável de seu povo. Entre 1950 e 1959, o PIB de Israel registrou um crescimento de 165%.

A história do início de Israel é como uma sequência de obstáculos insuperáveis. Como Ari Shavit escreveu no livro *Minha terra prometida — o triunfo e a tragédia de Israel*: "Uma nação empenhada em pôr as mãos à obra, conectando modernidade, nacionalismo e desenvolvimento de maneira agressiva", muitas vezes à custa da falta de cuidado com outros povos.

A Suíça, uma república federal diretorial, com sua história diferenciada, apesar de localizada no meio da Europa, recusou-se a integrar da União Europeia e viu a oportunidade de ser parte de algo maior. Com escassez de matéria-prima, a Suíça, que antes do século XVIII era famosa principalmente pelas vacas, ovelhas, leite e pelo queijo emmental, se reinventou. Do século XVI ao XVIII, o país começou a se beneficiar da imigração dos protestantes huguenotes, que traziam consigo seu zelo e sua ética.

Poupada de grande parte da devastação resultante da Segunda Guerra, a Suíça estava em uma excelente posição para se beneficiar da reconstrução europeia. Mas em vez de escolher o caminho da estagnação proporcionada pela União Europeia, que é centrada em problemas, a Suíça se tornou a nação mais inovadora, superando países como os Estados Unidos e a Alemanha. No entanto, a União Europeia é a maior parceira comercial da Suíça. As empresas multinacionais suíças, como Nestlé, Roche, Novartis, ABB, Swatch e grande parte das marcas mais famosas de relógios luxuosos são conhecidas por seu

COMO FAZER JULGAMENTOS E DOMINAR EMOÇÕES ▪ 47

grande conhecimento e sua qualidade impecável. A Suíça é a primeira no ranking de competitividade do Fórum Econômico Mundial e no Innovation Union Scoreboard (o ranking europeu de inovação). Sua capital, Zurique, está à frente no quesito qualidade de vida.

Avaliando os rankings?

Os julgamentos precisam de fundamentos. E num mundo onde gostamos de mensurar tudo, rankings de todos os tipos são muito populares. Nem todos eles são tão influentes ao redor do mundo como os das agências de classificação de risco de crédito, como *Standard's & Poor*, *Fitch* e *Moody's*. E, ainda assim, a posição de um país em relação a fatores como competitividade, facilidade de parcerias comerciais, qualidade de vida, dentre outras, quando consideradas em conjunto revelam um contexto global.

No entanto, as posições nos rankings podem variar bastante, dependendo da fonte. Na lista da *Forbes* de "Melhores países para negócios", por exemplo, a Dinamarca vence a Nova Zelândia e a Noruega. Os três países são pouco populosos (5,6 milhões, 4,4 milhões e 5,2 milhões, respectivamente). O primeiro país da lista com uma população acima de dez milhões é o Canadá, ocupando a sétima posição. A Coreia do Sul fica em 33° lugar; os Estados Unidos, em 22°; Hong Kong, em 11°; e a China, em 94°. Fica evidente que o tamanho de um país tem influência significativa na posição que ele ocupa nessa categoria específica.

O *US News* tem uma visão um pouco diferente. Na sua lista "Aberto para negócios", Luxemburgo fica em primeiro lugar, a Suécia, em segundo e o Canadá, em terceiro. Os Estados

Unidos vêm em 23º; a Correia do Sul, em 38º; e a China, em 42º. Já a Dinamarca, que ocupa o topo na lista da *Forbes*, fica em décimo. Na lista "Facilidade de fazer negócios" do Banco Mundial, a China fica em 83º lugar; a Dinamarca, em terceiro; os Estados Unidos, em sétimo; a Noruega, em oitavo; a Nova Zelândia, em segundo; a Coreia do Sul, em quarto; e Hong Kong, em quinto. Três rankings, três resultados.

Autopercepção e percepção externa

Cada país tem sua própria opinião sobre o lugar que ocupa no mundo e onde quer estar no futuro. Mesmo os países, as regiões e as cidades têm diferentes opiniões sobre seus status, assim como os cidadãos e os políticos.

Não importa o que os diversos rankings apontem: se um país ocupa uma posição boa ou ruim, cada um deles olhará para si e para o mundo ao seu próprio modo. O mesmo vale quando o assunto é a mudança de papéis entre as nações da comunidade global. Dependendo das relações com diversos países, o posicionamento muda. Obviamente, os países que se veem como beneficiários da mudança a aceitam mais prontamente e talvez até a abracem. Não é de surpreender que países que se percebem como superiores enfrentem uma resistência bem maior a qualquer mudança que ameace sua posição de liderança.

Poucas pessoas (se é que existe alguma) conseguem permanecer neutras em todos os seus julgamentos, mas é possível se disciplinar para monitorar o quanto um pensamento é baseado em fatos ou moldado por emoções. Ao alcançar esse nível de consciência, ao conseguir "julgar seus próprios julgamentos", você conseguirá manter as emoções sob controle e avaliar as informações e as suas próprias observações com maior objetividade.

CAPÍTULO TRÊS

Compreendendo os mindsets dos atores principais

Os Estados Unidos, a União Europeia e a China são os três principais atores no palco mundial. A forma como agem e interagem é produto de suas histórias, culturas e políticas individuais, gerando as mentalidades com as quais eles enxergam seu futuro e escolhem perseguir seus objetivos.

Neste capítulo, exploraremos o quão bem-posicionados esses atores estão para capitalizar as oportunidades em meio às constantes mudanças e aos desafios que eles precisam superar para aumentar suas chances de sucesso na economia global em desenvolvimento.

Os Estados Unidos da América: o piloto decadente do mundo

A dificuldade de se manter no papel de principal condutor da economia global se torna aparente quando olhamos para os Estados Unidos, que conquistaram sua posição como a maior economia mundial em 1890 e a mantêm desde então, mesmo o Banco Mundial tendo declarado a China como a economia com maior poder aquisitivo.

50 • DOMINANDO AS MEGATENDÊNCIAS

Mais de cem anos atrás, os líderes estadunidenses não se abstinham de externar o orgulho que tinham de sua nação. Na Exposição Universal de 1900, o cônsul do país, Ferdinand Peck, gabou-se de que a balança comercial de seu país era maior do que a da Alemanha e a da França juntas. No livro *Os anos vertiginosos* (*Der taumelnde Kontinent, Europe 1900 bis 1914*), Philipp Blom traz uma citação de Peck: "Os Estados Unidos são tão desenvolvidos que não apenas merecem uma posição distinta em relação a todas as nações da terra, como o primeiro lugar da mais alta civilização universal."

Depois da Segunda Guerra Mundial, os Estados Unidos pavimentaram sua posição não apenas como o país líder do Ocidente, mas também como o defensor da liberdade e do progresso. Na verdade, foram seu plano Marshal e seu investimento de cerca de US$ 129 bilhões (em valores atualizados) que ajudaram a reconstruir e modernizar indústrias destruídas, reerguer cidades bombardeadas e prevenir o avanço do comunismo. Nas décadas posteriores à Segunda Guerra e até a virada do século, a maioria das invenções, das inovações, dos esportes, e das criações culturais se espalhou pelo mundo a partir dos Estados Unidos. Já nos anos 1940, os Estados Unidos já eram os responsáveis por apresentar ao mundo transistores, aeronaves supersônicas e computadores, além de cartões de crédito, videogames, fraldas descartáveis e potes Tupperware. A internet e a nova economia, as redes sociais e as empresas mais inovadoras foram fundadas nos Estados Unidos.

De líder tecnológico a retardatário?

Mas agora, o outrora inquestionável líder em direitos humanos, economia e poderio militar continua perdendo terreno.

Há notícias conflitantes sobre o encolhimento da classe média norte-americana, assunto sobre o qual trataremos mais adiante. Mas, na nossa experiência, a crença de que a diligência e o trabalho duro levariam a uma fatia do "sonho americano" está em declínio. Sabemos, ao observar nossos familiares e amigos, o quão difícil é acumular riquezas, sendo que estamos falando de pessoas brancas e com boa formação acadêmica. A situação é muito pior se olharmos para as populações negra e latina. Não é de surpreender que muitos sintam que a política os abandonou, fazendo-os se voltarem para aqueles que os agradam e seduzem com promessas que apenas milagres conseguem realizar. É aqui que o medo tem um grande papel. De que outra forma promessas inconsistentes e discursos de ódio influenciariam tantas pessoas?

Apesar de todos os seus problemas internos, os Estados Unidos ainda são a superpotência mundial em termos militares e de defesa. O país tem, de longe, o maior número de aeronaves, tecnologia de ponta, o maior arsenal nuclear do mundo e pessoas bem treinadas. Mas, quando se trata de empregar sua força diretamente, suas limitações tornam-se aparentes. A pior parte é a perda da admiração que os Estados Unidos receberam durante a maior parte do século XX.

Por muitas décadas, pareceu não haver limites no estabelecimento de metas novas e mais desafiadoras. Porém, essa não é a primeira vez na história que uma superpotência chega ao ponto no qual o que foi alcançado é insuficiente para manter o *status quo*. Os investimentos em infraestrutura, transporte público, previdência social, educação e habitação foram deixados de lado, e socorrer bancos que são grandes demais para falir abriu um poço sem fundo. Em 14 de julho de 2015, Mike Collins, da *Forbes*, estimou que o comprometimento financeiro do governo norte-americano ao socorrer bancos era de US$ 16,8 trilhões, sendo US$ 4,6 trilhões já quitados pelos bancos. [Mais informações no site em inglês: http://www.forbes.com/sites/mikecollins/2015/07/14/the-big-bank-bailout/#2ad2ffae3723].

Foi a crise financeira de 2008 que marcou a mudança da opinião chinesa quanto aos Estados Unidos. Pelo que pudemos observar, a admiração mundial pelos Estados Unidos começou a desmoronar e a voz oficial da China se tornou mais contundente. A terrível disputa presidencial de 2016 piorou a imagem norte-americana já deteriorada e tornou ainda mais difícil ver seu modelo de governo como exemplar. Ser empurrada do pedestal de maior nação do mundo por um país que apenas trinta anos atrás era paupérrimo e retrógrado é frustrante.

De maior nação a uma grande nação

Os Estados Unidos ainda são uma grande nação, mas, pelos parâmetros da maioria dos países, já não é considerada a *maior*. Outros países têm rejeitado esse título. A China principalmente, pois se vê como uma grande nação ciente do progresso que alcançou. Sem dúvidas, a maioria das inovações tecnológicas, incluindo a internet e praticamente todas as ideias de redes sociais, foi criada nos Estados Unidos. No entanto, o país perdeu sua posição de liderança como nação mais inovadora e ficou na quinta posição em 2015. A minúscula Suíça lidera o ranking pelo quinto ano seguido, à frente do Reino Unido, da Suécia e da Holanda [Mais informações no site em inglês: https://www.globalinnovationindex.org/gii-2015-report]. A última vez que a taxa de crescimento anual dos EUA superou os 3% foi em 2004, quando o PIB cresceu 3,7%. Uma análise

Pew de maio de 2016 mostrou que de 2000 a 2014 a classe média estadunidense diminuiu na maior parte das áreas urbanas. Esse relativo declínio não é definitivo, ele pode ser contornado. Porém, o primeiro passo para transformar e escapar desse impasse político é encarar os fatos.

Os Estados Unidos não perderam seu potencial humano, mas seu potencial político

É compreensível que os Estados Unidos estejam oficialmente negando sua perda de superioridade. Quando digo "oficialmente" falo de duas vozes. Com a crescente polarização entre republicanos e democratas, eles se culpam mutuamente pelos erros cometidos. Se duas pessoas estão tentando escalar o monte Everest, mas passam todo o seu tempo tentando provar que a estratégia da outra para chegar ao topo está errada, nenhuma delas o alcançará. Mas o que é tão óbvio em tantos exemplos parece inimaginável na realidade política.

A campanha de 2008 de Obama, "Yes, We Can" (Sim, nós podemos), e o seu slogan de 2012, "Winning the Future" (Conquistando o futuro), foram uma grande inspiração para reacender a esperança e a ambição, assim como a campanha de Trump, "Make America Great Again" (Torne a América grande outra vez). Não há nada que contrarie o potencial dos Estados Unidos de ser uma grande nação outra vez. Mas é a sua afirmação de que a grandeza é unicamente deles que causa sua rejeição. E dada essa afirmação, como os Estados Unidos podem abraçar uma transformação num jogo global que não reconhece sua superioridade política e econômica? E, ainda assim, a transformação global não tem a ver com ganhar ou perder, e sim, com as reconfigurações na comunidade global e como dominá-las.

Como julgar a decisão tomada pelo congresso norte-americano algumas horas depois que um trem com passageiros descarrilou na Filadélfia, em 12 de maio de 2015? Em vez de votar em caráter urgente pela modernização do sistema ferroviário, o Congresso decidiu cortar US$ 252 milhões da verba da Amtrak, depauperando ainda mais a empresa, que já estava em dificuldades. Ao viajar pelos Estados Unidos, é impossível não notar as condições de pontes destruídas, vias esburacadas e a falta de um sistema público de transporte eficiente. Sua infraestrutura, que já esteve à frente da maioria dos países, está sendo ultrapassada por outras, até mesmo de países emergentes.

O recorde mais triste dos Estados Unidos

O recorde mais triste do país é o de maior coeficiente carcerário do mundo. Com 5% da população global, ele tem cerca de 25% dos presos do mundo, a maioria por pequenos delitos relacionados a drogas, como posse de maconha. As pessoas brancas usam cinco vezes mais drogas do que as negras; no entanto, a população negra é condenada por crimes desse tipo dez vezes mais que a branca.

A luta contra a dependência química é uma preocupação para grande parte dos países, mas a obrigatoriedade de penas mínimas nos Estados Unidos levou a uma explosão no número de presos. De 1980 a 2008, o número de detentos do país cresceu de cerca de quinhentos mil para 2,3 milhões. A decisão de criar celas privadas respaldou esse aumento dramático. [Mais informações no site em inglês: http://www.naacp.org/criminal-justice-fact-sheet/].

COMPREENDENDO OS MINDSETS DOS ATORES PRINCIPAIS • 55

A maioria dos presidiários negros não pode arcar com os custos jurídico, e muitos advogados da defensoria pública estão sobrecarregados. Se não houver mudanças na lei e uma reforma no sistema judicial, esse triste recorde tende a aumentar.

"Tornar a América grande outra vez" requer esforços conjuntos de todas as partes envolvidas

O "sonho americano" não será recuperado tão cedo. Certamente não acontecerá em meio ao atual impasse governamental, no qual dois partidos políticos percebem um ao outro como ameaças à sobrevivência da nação, em vez de dois grupos interessados em competir e cooperar pelo bem do país.

O *Economist* descreve a convenção republicana como "uma lamentação de quatro dias pela grandeza nacional roubada"; já os democratas foram "incentivados a exaltar seu país, visto que reconhecer os permanentes males sociais, raciais e econômicos é o primeiro passo para a cura".

Por muito tempo, os Estados Unidos pareceram quase intocáveis pelas turbulências da economia global. Empenhada e direcionada pelo consumo interno, sua economia floresceu, e a maioria de seus cidadãos médios tinha pouco interesse em qualquer coisa além de sua fronteira. Para lá dos oceanos, parecia que o restante do mundo ansiava pelo estilo de vida norte-americano. Houve, uma vez, a ilusão de que as nações acolheriam a democracia ocidental e conseguiriam seguir os passos dos Estados Unidos.

É verdade que a Europa ocidental deve muito de sua ascensão econômica às iniciativas e aos auxílios norte-americanos depois da Segunda Guerra Mundial. Mas as sementes caíram em solo fértil. A Europa foi palco do Renascimento, da Reforma Protestante, do Iluminismo e da Revolução Francesa; a Alemanha, mesmo sendo a catastrófica perdedora da Segunda Guerra, conseguiu se reerguer dos escombros a partir de uma República de Weimer (1919-1933).

O objetivo dos Estados Unidos era e ainda é promover a democracia ocidental. No entanto, não houve nada que se equiparasse à delimitação de fronteiras que espremeu povos africanos em territórios contra a sua vontade. Não houve um plantio das sementes da democracia, mas sim a imposição desse sistema a culturas que não estavam preparadas para aceitá-lo. Pode até ser verdade que a maioria das pessoas em inúmeros países gostaria de viver a prosperidade e a segurança proporcionadas pelos Estados Unidos, mas as nações africanas não puderam reconfigurar seu mindset, seja ele comunitário, religioso ou cultural, em um espaço de tempo tão pequeno. A democracia, como podemos ver na história, deve crescer, e não ser imposta.

Contudo, seja de um ponto de vista positivo ou crítico, os Estados Unidos foram garantidores da dominação ocidental, ao ponto de agir contra correntes autoritárias. E agora que a superioridade de Washington foi perdida, a tentação de uma liderança autoritária está ganhando terreno dentro do país, dentro do mundo ocidental e, considerando a ascensão de economias emergentes, dentro dos países do hemisfério sul. Nos Estados Unidos e na Europa, o populismo e o oportunismo estão crescendo, e os nacionalistas mal conseguem esconder seus objetivos ideológicos. Os Estados Unidos estão perdendo poder na cena pública e, como escrevemos em *Mudança no jogo global*, uma comunidade global multicêntrica precisa encontrar sua nova ordem.

COMPREENDENDO OS MINDSETS DOS ATORES PRINCIPAIS • 57

Independentemente do quão alto ressoe o chamado para "tornar a América grande outra vez", o futuro glorioso não pode ser alcançado pelo retorno a estratégias que funcionaram no passado. O julgamento sobre se, e em quais países, os Estados Unidos reconquistarão seu posto de nação modelo será feito pelos países da comunidade global. A sua influência como defensores da democracia e como potência econômica será medida na maneira pela qual o país resolverá suas falhas internas e redefinirá seu papel no novo ambiente global.

União Europeia: uma ótima ideia mal executada

Foi necessário um pensamento visionário para imaginar que nações que se digladiaram em duas guerras mundiais pudessem se unir. Não é de surpreender que os primeiros passos em direção à unificação tenham sido em busca de um objetivo econômico: a formação de uma Comunidade Europeia do Carvão e do Aço. Os seis membros fundadores foram Bélgica, França, Alemanha, Itália, Luxemburgo e Holanda.

Com a Guerra Fria, a Europa fora dividida em oriental e ocidental. Os protestos contra as leis comunistas, na Hungria, foram abafados pelos soviéticos em 1956, o que levou a uma enorme migração de húngaros para a Europa ocidental. Em 1957, o Tratado de Roma estabeleceu a Comunidade Econômica Europeia. Esse acordo foi retificado em 1992, no Tratado de Maastricht, e novamente renomeado com o título que usamos atualmente (Tratado da União Europeia), pelo Tratado de Lisboa, em dezembro de 2007.

Outro passo em direção à unificação foi o fim da cobrança das tarifas alfandegárias nas transações comerciais entre os

58 • DOMINANDO AS MEGATENDÊNCIAS

países da União Europeia, que em 1973 incluía Dinamarca, Irlanda e Reino Unido. Em 1981, a Grécia se tornou o décimo membro. Espanha e Portugal, uma vez livres de seus líderes fascistas, Francisco Franco e Antônio Salazar, também se uniram ao bloco.

O trânsito livre para comércio nas fronteiras da União Europeia

O Ato Único Europeu foi assinado em 1981, criando um fluxo de comércio livre pelas fronteiras da União Europeia. Uma pequena vila em Luxemburgo deu nome ao Acordo de Schengen, que permitiu gradualmente o trânsito livre de pessoas, sem fronteiras ou passaportes. O Reino Unido não é signatário deste acordo, assim como Bulgária, Croácia, Chipre, Irlanda e Romênia; Islândia, Liechtenstein, Noruega e Suíça, mesmo não sendo membros da União Europeia, usufruem do Acordo de Schengen.

O euro, atual moeda de 19 nações-membros, foi inserido de forma não física em 1º de janeiro de 1999. As novas cédulas e moedas foram legalizadas em 1º de janeiro de 2002. Ainda lembramos desse dia: era feriado na maioria dos países da União Europeia, e estávamos parados em frente a um caixa eletrônico no centro de Viena, na Áustria, aguardando a primeira evidência de que o euro era de verdade.

A economia baseada em conhecimento mais competitiva e dinâmica do mundo?

A União Europeia foi estabelecida não apenas para gerar paz e estabilidade, como também para "se tornar a economia baseada em conhecimento mais competitiva e dinâmica do mundo". Os

COMPREENDENDO OS MINDSETS DOS ATORES PRINCIPAIS • 59

sonhos estavam voando alto. Embora isso nunca tenha sido expresso abertamente, ela visivelmente se enxergava como a concorrente dos Estados Unidos. Em 2006, em nosso livro *O líder do futuro*, sob o subtítulo "Quem tem o direito de governar o mundo?", escrevemos:

> A Europa sem sombra de dúvidas se percebe como a portadora do humanismo que emergiu como espírito característico dos séculos XIV ao XVI na Itália, no período cultural e histórico do Renascimento. Do ponto de vista filosófico, o humanismo é definido como qualquer perspectiva ou estilo de vida centrado na necessidade humana e em seu interesse.
>
> Isso é visto, de muitas formas, como a herança e o ideal europeus. O estilo e a cultura são europeus.
>
> Obviamente, a Europa acha que é superior à imagem que foi pintada dos Estados Unidos, principalmente pela França, que definiu o país de George W. Bush como uma hidra de três cabeças que lança chamas de imperialismo, neoconservadorismo e fundamentalismo. É inevitável a rivalidade entre a Europa — que se considera intelectualmente superior e, por isso, reivindica o direito moral à supremacia econômica e militar — e os Estados Unidos, que estão muito mais relaxados quanto ao seu próprio estilo de vida e que certamente detêm a supremacia econômica e militar.

Ao olhar para trás, o cenário que desenhamos para o futuro da União Europeia, em 2006, foi bastante realista:

De fato, que agora a União Europeia tem como alvos a redução da emissão de poluentes, as energias renováveis, a biodiversidade e a inclusão social. Mas esses alvos têm pouco impacto no crescimento econômico e, em alguns casos, o atrasam. As reformas econômicas não estão avançando nem um pouco. O modelo social conta com tanta popularidade que dificilmente algum político se pronunciará contra ele em voz alta. Alguns realmente falam que deveria haver uma redução, ou que deveria funcionar com maior eficiência, mas o modelo em si raramente é questionado.

A reforma econômica tem a ver com melhorar a capacidade produtiva de uma economia. Ponto final. Qualquer discussão sobre reforma econômica deveria ser avaliada a partir desse ponto. Grande parte da Europa agora se mostra hostil a empreendedores, logo quando mais se precisa deles.

De 1996 até 2016, o crescimento médio do PIB europeu se deu num ritmo de 1,68% ao ano, com uma máxima de 5% no segundo trimestre de 1995 e uma mínima recorde de -5,5% no primeiro trimestre de 2009 (dados da Eurostat).

Dominando a estagnação econômica com uma ideia falida?

Com Bernie Sanders nos Estados Unidos, Marine Le Pen na França e Matteo Renzi na Itália, o fantasma do retorno dos ideais socialistas está crescendo. Mas poucas vezes uma ideia fracassou tão óbvia e repetidamente. Ela derrubou a União Soviética e a República Democrática Alemã, e quase faliu a Suécia.

Não esqueçamos de seu exemplo mais assustador, a Venezuela, onde as pessoas estão passando fome, mesmo vivendo sobre uma das maiores reservas de petróleo do mundo. O socialismo do século XXI foi o elogio que o vencedor do Nobel, Joseph Stiglitz, atribuiu à Venezuela. Stiglitz, como conselheiro do líder socialista do antigo Partido dos Trabalhadores, Jeremy Corbyn, é tão preocupante quanto em seu papel como "conselheiro influente" de Hillary Clinton, que já foi ainda mais empurrada para a esquerda por Bernie Sanders que, surpreendentemente, é bem aceito pela juventude norte-americana.

Os planos econômicos de Marine Le Pen para as eleições francesas de 2017 foram chamados de "extrema esquerda, anticapitalista e hostil aos mercados" pelo *NZZ*, o jornal suíço *Neue Züricher Zeitung*. Gostamos da forma como o jornalista austríaco Christian Ortner se expressou: "Os planos de Marine Le Pen soam como uma leve RDA, com um bom estoque de vinho tinto" (RDA, República Democrática Alemã, antiga Alemanha Oriental).

Quem negaria a igualdade, a justiça e a solidariedade, que são as bases para descrever o socialismo, de acordo com o politique.lexicon.at? O problema está na lacuna entre a teoria e a prática. Por mais que auxiliar os mais fracos seja altamente necessário, a realidade econômica de estagnação e ampla exploração da assistência social são o resultado no fim das contas.

O maior obstáculo para o futuro da União Europeia ainda é o conflito de interesses nacionais

A União Europeia está numa encruzilhada. Foi abalada pelo inimaginável Brexit, pela estagnação econômica, a eterna crise da União Monetária, a crise dos refugiados, a ameaça de uma crise bancária italiana e alemã, as leis rígidas o bastante para desestimular a integração e a crescente disparidade entre os países membros do norte, mais ricos, e os do sul, com mais dificuldade. Discussões sobre o possível risco de a Itália sair da União dificilmente levarão às reformas institucionais necessárias para resolver os problemas do país sob as condições da União Monetária. Quando comparado a 2008, o PIB italiano de 2015 mostra uma queda de 7%, a taxa de desemprego foi de 12% e, a de empregabilidade, 57%. Se compararmos esses dados com o crescimento de 6% no PIB alemão entre 2008 e 2015, uma taxa de desemprego de 4,7% e uma taxa de empregabilidade de 76%, conseguimos entender a preocupação. A escolha da Itália de permanecer com o euro vai durar enquanto o medo de sair for maior do que a dor de permanecer. De acordo com Wolfgang Streeck, antigo diretor do Instituto Max Plank:

> "Se não houver uma restauração da capacidade monetária para agir a níveis nacionais, ou, como alternativa, a criação de um acordo de redistribuição do norte em favor do sul, o desmantelamento dos países do Mediterrâneo vai continuar, e eles carregarão a consequência visível dessa ruptura. Se àquela altura a Europa já estiver morta ou em coma não será do interesse de ninguém." (*Die Zeit*, 13/10/2016)

Os problemas da Europa são em grande parte internos e eram previsíveis, como evidencia um artigo de 2002 da revista alemã *Bilanz*:

COMPREENDENDO OS MINDSETS DOS ATORES PRINCIPAIS ▪ 63

Não é de importância econômica se a União Europeia, que muitos não querem, vai terminar como os Estados Unidos da Europa ou se os estados-nações renunciarão suas competências internamente enquanto fingem uma fachada de soberania. É importante, no entanto, que uma política monetária compartilhada exija políticas econômicas comuns e ferramentas regionais de transição adequadas. As primeiras foram minimamente implementadas, enquanto as últimas, não.

O plano da União Europeia de um elemento agregador composto de políticas de juros produzidas pelo Banco Central Europeu (BCE) combinado aos estritos critérios de convergência do Tratado de Maastricht foi visivelmente um fracasso. O Tratado de Maastricht foi ignorado e a política de juros compartilhada intensificou as discrepâncias entre as economias prósperas e as fracas.

As condições pioraram quando os critérios para admissão foram ignorados só para incluir os países europeus do sul no barco. Como nos Estados Unidos, a raiz dos problemas está na falta de reformas, nos políticos e partidos dirigidos por pensamentos eleitoreiros e a incoerência entre os países-membros da União Europeia, visto que têm diferentes posições econômicas, sociais e culturais. A situação é séria, mas na teoria não é insolúvel.

A confiança e a determinação atingiram um péssimo estado quando o político da velha guarda Jean Claude Junkers fez afirmações condescendentes na revista alemã *Der Spiegel*:

Nós decidimos: vamos adicioná-los ao grupo e esperar algum tempo para ver o que acontece. Se ninguém gritar muito ou se rebelar, pois a maioria nem entende o que foi decidido, continuamos passo a passo, até que não tenham como voltar atrás.

É isso o que as pessoas não aguentam mais.

A crise migratória europeia

O orgulho se ressente quanto a admitir os erros do passado. E um pensamento centrado em eleições, combinado aos interesses egoístas de muitos políticos, empurra as reformas necessárias sempre para os próximos governos.

Enquanto os problemas econômicos da Europa foram o suficiente para manter seus representantes ocupados, a crise migratória acrescentou mais um desafio: o medo. Este é um dos terrenos mais férteis para os populistas plantarem suas mensagens: o receio de perder o emprego e o medo de ataques terroristas. Os horríveis ataques terroristas em Paris, Bruxelas e Nice provaram que ele não é infundado. Ainda assim, sob uma análise de risco, a chance de ser vítima de um ataque terrorista é muito menor do que ser vítima de um acidente de carro.

Alimentando ainda mais o medo estão os números crescentes de pessoas adentrando a Europa por diferentes rotas (vindo do norte da África e da África subsaariana) e o fato de a União Europeia não ter ideia de como lidar efetivamente com a situação. De 2013 até maio de 2016, o número de imigrantes aumentou 40%. A Frontex, força que supervisiona a fronteira externa da União Europeia, estima que o número de imigrantes por toda a Europa seja superior a 1,8 milhão de pessoas.

COMPREENDENDO OS MINDSETS DOS ATORES PRINCIPAIS ▪ 65

Comparado à população de 725 milhões, esse número não é nem três décimos de 1% da população.

Ainda assim, muitos dos países que reagem com medo, principalmente a Alemanha e a França, estão acostumados com cidadãos muçulmanos. Os imigrantes turcos estão em maioria na Alemanha, enquanto muçulmanos estrangeiros na França são uma relíquia do período colonial. Se olharmos a porcentagem de muçulmanos vivendo em países europeus, a França e a Alemanha lideram em números absolutos, tendo cada uma mais de 4,7 milhões deles, mas se olharmos a porcentagem, o pequeno Chipre lidera com 25,3% de sua população muçulmana, seguido da Bulgária, com 13,7% [Mais informações no site em inglês: http://www.pewresearch.org/fact-tank/2016/07/19/5-facts-about-the-muslim-population--in-europe/].

O que realmente conta é o quão bem integrados estão os imigrantes. Os erros, a ignorância e o conforto ilusório de postergar decisões levaram a perigosos agrupamentos de muçulmanos frustrados que foram acolhidos de braços abertos por refugiados islâmicos radicais.

Podemos olhar para isso pelo lado negativo e visualizar uma Europa presa num confronto de guerrilha, ou podemos escolher compreender que um problema aparentemente enorme à primeira vista, se tratado de maneira diferente, pode ser usado como uma oportunidade para abordar outras questões. A Europa está envelhecendo drasticamente. A Alemanha alega que 62% das empresas não conseguem preencher as vagas que exigem qualificação. Pequenas e médias empresas estimam que existam cerca de 360 mil vagas de emprego. Enquanto 85% estariam dispostos a contratar refugiados, a burocracia e a falta de conhecimento do idioma são obstáculos. [Mais informações

66 • DOMINANDO AS MEGATENDÊNCIAS

no site em inglês: http://www.spiegel.de/wirtschaft/unternehmen/fachkraeftemangel-mittelstand-befuerchtet-umsatzeinbussen-a-1073903.html]. Como escrevemos em *Mudança no jogo global*, a solução está nos dois grandes Es: Educação e Economia. A educação é uma das lentes pelas quais vemos o mundo e como nossa vida se encaixa nele. Nos países pobres, milhões de pessoas não têm acesso à educação, e a forma como enxergam suas chances na vida é bem diferente da forma que aqueles que tiveram uma boa educação veem. Pessoas que tiveram acesso à educação têm mais facilidade de identificar as oportunidades oferecidas pela globalização no país em que vivem. E elas são menos suscetíveis a serem recrutadas por religiosos fundamentalistas ou grupos de guerrilha.

Jean Claude Junkers, em seu discurso sobre o Estado da União, em 14 de setembro de 2016, na Comissão Europeia, admitiu que "a União Europeia está, ao menos em parte, enfrentando uma crise existencial". Martin Schulz, presidente do Parlamento Europeu, repetiu as palavras de alerta de Junkers: "Estamos unidos pelos cidadãos da Europa, por nossos estados-membros e pela União Europeia como um todo". E Schulz apelou à Inglaterra que não enfraquecesse a União Europeia.

Em uma carta aos 27 governos, Donald Tusk, presidente do Conselho Europeu, escreveu:

> A população da Europa quer saber se as elites políticas são capazes de restaurar o controle sobre os acontecimentos e processos que as devastam, desorientam e, às vezes, aterrorizam. Hoje, muitas pessoas, não só no Reino Unido, pensam que fazer parte da União Europeia atrapalha a estabilidade e a segurança." [Mais informações no site em inglês: http://ec.europa.eu/priorities/state-union-2016_en]

China: o rejuvenescimento do Reino do Meio

E, precisamos acrescentar, atrapalha também o crescimento econômico.

China: o rejuvenescimento do Reino do Meio

O país mais controverso dentre os atores globais é a China. E, é preciso acrescentar, ainda é o menos conhecido e compreendido, mas isso não impede as pessoas de terem fortes opiniões sobre o país e seus líderes.

Assuntos que são de conhecimento geral nos Estados Unidos e na Europa são mantidos em segredo na China. As vidas privadas de Xi Jinping e Li Keqiang, assim como as de outros líderes políticos, são pouquíssimo conhecidas. Os processos de tomada de decisão parecem orquestrados, e os argumentos e visões contrárias nunca são discutidos em público. A ausência de um Estado de direito ainda é um atraso para o país, e a sua falta de transparência não inspira confiança. No entanto, apesar de tudo isso, a China registra a ascensão econômica mais veloz que um país desse tamanho já alcançou na história.

Porém, ouvimos e lemos sobre seu iminente colapso. Cada queda na produção industrial ou no crescimento do PIB são vistos como um sinal de que o país está em franco declínio. O aumento de salários, a densa poluição e a crescente desigualdade se somam aos problemas. Acusações de corrupção e violações dos direitos humanos preenchem inúmeras páginas dos jornais e das revistas ocidentais. Mesmo assim, o PIB chinês continua a crescer, sua infraestrutura é mais moderna do que a da maioria dos países ocidentais, e seu governo permanece com altos índices de aprovação. Se analisarmos a pesquisa Pew quanto à aceitação global da China pelas outras nações, em média, 49% são a favor do país, enquanto 32% são desfavoráveis. Se analisarmos as avaliações de como a crescente economia chinesa está influenciando o país em si, o panorama geral é de 27% de avaliações negativas e 53%, positivas, com enormes variações, no entanto. A Itália está à frente quanto à insatisfação, com 75% de avaliações desfavoráveis, e o Quênia está à frente quanto à satisfação, com 80% de avaliações positivas [Mais informações no site em inglês: http://www.pewglobal.org/2014/07/14/chapter-2-chinas-image/]. Mas se esse panorama é pessoal ou nacional é algo bem subjetivo e temporário. Aqui, buscamos com afinco apresentar um quadro mais amplo, objetivo e duradouro da China.

A China não é um bloco homogêneo

Em primeiro lugar, assim como os EUA e a Europa, a China não é um bloco homogêneo. A melhor comparação talvez seja com os cinquenta estados dos EUA, que apresentam inúmeras diferenças. A China é dividida em 22 províncias, cinco regiões autônomas, incluindo o Tibete e a Mongólia Central, quatro municípios diretamente controlados, incluindo Chongqing, Pequim e Tianjin. Os municípios e as regiões administrativas especiais receberam status governamental especial e aumentaram os níveis de autonomia.

A forma como é dividida geográfica ou administrativamente é interessante, mas o mais importante é entender como a China pensa. E ela pensa diferente. Do ponto de vista chinês, e aqui consideramos a maior parte do povo chinês, o que realmente conta é que seu governo mantenha o progresso econômico e a liberdade econômica.

A China e a questão da democracia

O Ocidente interpreta erroneamente que o desejo da maioria dos chineses é estabelecer uma democracia ocidental. Os chineses concordam com os norte-americanos e europeus que a liberdade tem valor inestimável. Mas liberdade significa coisas diferentes para pessoas diferentes. O modo de pensar chinês é muito influenciado por dois requisitos fundamentais: a ordem e a harmonia sociais; ambas são ensinamentos centrais de Confúcio, que acreditava apenas na ordem como agente capaz de proporcionar a liberdade verdadeira. É algo como os esportes coletivos, que têm um conjunto de regras que estabelecem as condições para a liberdade que cada participante tem no jogo. Do mesmo modo, uma sociedade ordeira estabelece o contexto para as pessoas agirem com liberdade. A ordem, como vista pelos chineses, não oprime a liberdade, mas define o espaço onde ela acontece.

A liberdade, para os americanos, significa a oportunidade de determinar como eles vivem sua vida, livres da arbitrariedade das ações de terceiros. Esse ponto de vista é compartilhado pela maior parte do mundo ocidental, para quem os direitos individuais são um pilar central da sociedade. A partir dessa perspectiva, o que o ocidente entende como liberdade de escolha pelo indivíduo, dentro de contextos sociais e legais limitados e estabelecidos por cada sociedade, leva a uma preocupação constante com quem está certo e quem está errado. De fato, muitos ocidentais acreditam que a controvérsia e a discórdia levam ao progresso, a novas ideias e à inovação. Mas conflito e desarmonia não fazem sentido para a mentalidade chinesa, principalmente em relação a assuntos tão sérios quanto o governo. As diferenças na forma de pensar são difíceis de superar. Não temos que concordar com elas, apenas aceitá-las.

Reconquistando sua nação e sua vida

Nosso amigo chinês, Vigi, resumiu bem: "Mao nos devolveu nosso país, Deng Xiaoping nos devolveu nossas vidas". Como compreenderemos tal afirmação? Até mesmo para nós, que viajamos pela China por muitos anos e conversamos com chineses de vários níveis sociais e educacionais, levou anos para entendermos o que Vigi quis dizer. Mao é tido como o responsável por libertar a China de cem anos de humilhação, época que começou em meados do século XX e terminou quando a República Popular da China foi fundada. A China retomou seu território, mas para o povo comum ainda haveria trinta anos de dificuldades. Já a liberdade econômica e a oportunidade de moldar suas vidas individualmente foram conquistas de Deng Xiaoping e sua iniciativa de "reforma e abertura" da China.

Muitos ocidentais não conseguem entender por que a foto de Mao permanece acima da Praça da Paz Celestial, sendo que todos os chineses sabem que os erros estratégicos de Mao e suas campanhas políticas levaram a um enorme número de mortes. Existem vários fanáticos que defendem Mao, culpam as circunstâncias e os conselheiros do governo pela fome e pela carnificina, mas até mesmo aqueles que responsabilizam Mao por seus erros consideram que sem ele a China não teria se tornado uma nação soberana. E é por isso que ainda têm uma grande consideração por ele. Do ponto de vista político, ele nunca deixou dúvidas de que o Partido Comunista Chinês (PCC) é o único partido do governo. A China é capaz de perdoar erros na estratégia e na economia, mas jamais perdoaria aberrações político-partidárias.

Por mais que seja difícil entender tudo isso quando olhamos com nossas lentes ocidentais, dentro da sociedade chinesa, centrada na vida comunitária, manter a ordem e a estabilidade é algo da mais alta importância. Isso nos traz a mais uma diferença central na nossa forma de pensar. O ocidente é o que amplamente chamamos de sociedade universalista, que acredita em certas "verdades", ou valores, evidentes, que fazem parte das condições humanas básicas. A China e as outras culturas são chamadas de "particularistas" e adotam a crença de que o que é correto para mim é correto para mim, e o que é correto para você é correto para você. No entanto, quando você faz parte de uma sociedade tão centrada na comunidade, onde a lealdade é primeiramente direcionada ao coletivo e depois ao indivíduo, você certamente acreditaria que suas crenças são o correto para você e que as outras pessoas não deveriam se meter na sua vida. Em outras palavras, cada sociedade particularista determina o que é melhor para si baseada nas suas próprias necessidades. A maioria dos países individualistas tende a ser universalista, e a maioria das sociedades centradas na vida comunitária tende a ser particularista.

O momento crucial para a mudança nos sentimentos da China

Não é aconselhável determinar atributos para grandes grupos ou países; no entanto, podemos nos permitir sentir algo em relação a eles. Vivenciamos a mudança geral nas opiniões dos Estados Unidos e da Europa, e sentimos a mudança da percepção da China. E enquanto cresce em sua assertividade, a China está ao mesmo tempo se esforçando ainda mais para conquistar mentes e corações com poderosas campanhas persuasivas. O motivo é muito simples: julgamentos emocionais

72 • DOMINANDO AS MEGATENDÊNCIAS

dificilmente mudam frente a argumentos racionais. Isso vale para a política, os negócios e a vida pessoal. Para acessar as mentes das pessoas, você precisa abrir seus corações.

Não somos mensageiros do governo chinês, mas certamente sentimos a necessidade de corrigir a imagem que com frequência apresenta apenas uma de suas facetas.

Quando chega o momento de bater o martelo quanto a assuntos sensíveis, as metáforas são uma forma tranquila de chegar a uma decisão, permitindo que as pessoas tirem suas próprias conclusões. Quando falamos para o público ocidental, nem sempre é fácil superar o preconceito contra a China. Argumentos racionais não derrubam barreiras emocionais.

Avaliando os gatilhos emocionais

Já faz alguns anos que, ao tentarmos entender a China melhor, nós nos beneficiamos da coragem de um aluno chinês do ensino médio, um jovem de 17 anos que conhecemos em Chongqing, quando nos convidaram para dar uma palestra em sua escola sobre o futuro da China. Cerca de 500 alunos estavam no auditório, e outros 4.500 assistiam a transmissão do nosso vídeo em suas salas de aula. Um grande cartaz nos anunciava como futuristas que conseguiriam responder tudo o que eles quisessem saber. Para tentar entender o assunto que deveríamos abordar posteriormente, pedimos num primeiro momento que nos dissessem o que era realmente importante para eles.

Houve um silêncio, até que um garoto na terceira fileira levantou a mão timidamente. Ele parecia não saber ao certo se deveria fazer sua pergunta ou não. Sorrimos para ele, e depois de uma pequena pausa ele disse, numa voz trêmula: "Amo uma garota, mas ela não me ama."

COMPREENDENDO OS MINDSETS DOS ATORES PRINCIPAIS • 73

Ali estava um adolescente, de pé, tentando alcançar um amor que ele sentia não ser correspondido. Percebemos depois que era como se a China estivesse tentando alcançar o ocidente, e sendo frequentemente rejeitada. Para nós, a chave para entender a história desse jovem e para contar a história da China estava em entendê-los melhor. Em muitas de nossas palestras sobre a China, a história do adolescente se tornou a ponte emocional com o nosso público.

Por mais que ainda contemos essa história, o pano de fundo não é mais o mesmo. A China ainda está tentando conquistar o ocidente, mas sua abordagem emocional — quanto ao ocidente que a rejeita — mudou, assim como sua percepção de si mesma, sua autoconfiança e sua opinião sobre o mundo ocidental. Como já escrevemos, o momento crucial para essa transformação foi a crise financeira mundial de 2008. Olhar para o ocidente de longe foi, de certa forma, vê-lo descortinar as fraquezas do sistema e, no devido tempo, as dificuldades para implementar as reformas necessárias. A China conseguiu se sair bem na crise e continuou seu caminho de crescimento na hierarquia do PIB. Em breve, estará no topo dela. Ao mesmo tempo, o país passou da periferia da comunidade global para ser um elemento central no governo mundial. A China já não deseja ser amada; ela quer ser respeitada pelo que é.

À luz desses desenvolvimentos, a reunião do G20 em 2016, em Hangzhou, foi outro marco no novo posicionamento chinês. Os membros do G20 representam cerca de 90% da população mundial e cerca de 75% do PIB global. Nesse grupo, apesar de não ter um papel definido, a China também representa os interesses dos países que chamamos coletivamente de Faixa Sul, embora apenas oito deles (Argentina, Brasil, Índia, Indonésia, Coreia do Sul, México, Arábia Saudita, África do Sul e

Turquia) sejam membros. O título do discurso do presidente da China, Xi Jinping, "Um novo ponto de partida para o desenvolvimento da China - Um novo plano para o crescimento global", confirmou a transformação na autopercepção chinesa.

O tema da reunião foi "Rumo a uma economia mundial inovadora, revigorante, interconectada e inclusiva". O que deveria levar a "um trajeto onde a China e o mundo se abraçam", como o presidente Xi Jinping colocou em seu discurso de abertura.

Para manter a estabilidade, forças hierárquicas e populares devem ser equilibradas

Há um clima geral de renovação de um espírito comum, um ponto de partida que carrega bastante a marca do presidente Xi jinping. Boa parte do que foi feito internamente é abraçada por muitos, principalmente no que diz respeito ao combate à corrupção. Mas, para muitas pessoas envolvidas nos processos de tomada de decisão, o "período de limpeza" levou à estagnação. As pessoas ficaram com medo de tomar decisões. Há incerteza sobre o que fazer e o que deixar de fazer.

Ao mesmo tempo, uma nova geração está entrando no mercado de trabalho. Eles estão ligados um ao outro e ao mundo. Eles têm orgulho da China, mas também têm demandas muito maiores do que as de seus pais e avós. A China se beneficiou da díade: ser guiada dentro dos objetivos e dos limites estabelecidos pelo Partido Comunista e ter a liberdade de alcançar objetivos pessoais dentro desses limites.

Em *China megatendências*, descrevemos o sistema de governo chinês:

COMPREENDENDO OS MINDSETS DOS ATORES PRINCIPAIS ▪ 75

O pilar mais importante, mais delicado e mais crítico sobre o qual se apoia a sustentabilidade da nova sociedade chinesa é o equilíbrio de suas forças hierárquicas e populares. Mantê-lo é a chave para a sustentabilidade da China e para entender o seu autoconceito político.

A liderança chinesa se agarra ao Partido Comunista da China (PCC) e este se agarra à sua autoridade e ao seu controle em governar o país — mas o conceito do que significa autoridade e controle mudou radicalmente nos últimos trinta anos. O partido mudou de uma autocracia arbitrária hierárquica para uma liderança unipartidária funcional com forte participação popular, uma sociedade democrática verticalmente organizada com crescente transparência na tomada e na execução de decisões.

Parece que os limites para manobra ficaram mais apertados nos últimos anos. Guiar mais de 1,3 bilhão de pessoas até o próximo estágio de desenvolvimento é uma tarefa extraordinária. Nesse caso, é compreensível que o pêndulo que dita o ritmo oscile bem mais em uma direção. Mas, a longo prazo, acabará se inclinando na direção oposta. A criatividade precisa de seu espaço. Não são a burocracia e o pensamento linear que promovem invenções e inovações, mas um ambiente que incentiva a imaginação e o empreendedorismo.

O outro lado dessa moeda é que, ao dominar as megatendências, nem as empresas nem os países podem adiar os processos de tomada de decisão. A eficiência de seu modelo de governo autocrático dá à China uma vantagem competitiva quando se trata de alcançar seu objetivo de passar de "seguir os passos alheios para dar um passo à frente dos outros". Um exemplo é a sua mais recente conquista: lançar o primeiro Satélite para Experiência de Ciência Quântica do mundo no espaço.

Xi Jinping explicitou que há uma conscientização da urgência do ajuste econômico e que a reestruturação econômica com uma reforma paralela a uma oferta está em um ponto crítico quando disse: "Se hesitarmos em tomar decisões e fizermos as coisas pela metade, perderemos esta rara oportunidade." O que é verdadeiro na economia de um modo geral também é verdadeiro e se aplica aos avanços da tecnologia.

O crescente anseio chinês por significado

O Partido Comunista da China não é apenas desafiado pela tarefa de implementar reformas econômicas e ecológicas, como também está lidando com a concorrência interna e externa que coloca as pessoas sob a enorme pressão de serem bem-sucedidas. O número de alunos de ensino médio e de universidades que sofrem de distúrbios psicológicos está aumentando. Nas muitas palestras que realizamos nesse ambiente acadêmico, alcançar grandes objetivos e atender às expectativas da família, dos professores e da sociedade foi a maior preocupação dos jovens alunos. Além disso, há uma busca crescente por significado: como descobrir quem realmente sou quando nem tenho tempo suficiente para dormir?

A China está em transformação há mais de trinta anos, e esse processo ainda não terminou. Há muito risco. Apenas os próprios chineses podem resolver isso, e eles assim o farão, pois têm uma visão majoritariamente otimista.

De acordo com os resultados de uma pesquisa de 2016 da Pew, enquanto a maioria das nações acredita que o mundo é um lugar perigoso, os chineses se destacaram. Eles têm uma confiança esmagadora em seu próprio país, o qual acreditam piamente que "é a estrela em ascensão no firmamento internacional". Os chineses consideram bom o envolvimento da China na economia global, pois fornece ao país novos mercados e novas oportunidades de crescimento. Pela nossa experiência, isso também vale para a maneira como eles veem seu futuro pessoal.

A maioria dos chineses, que não é diferente dos americanos, está olhando para dentro: 56% dão prioridade aos problemas da própria China. Apenas 22% dos chineses são a favor de ajudar outros países a lidar com seus problemas — uma opinião que não corresponde aos 77% de chineses que acreditam que seu país desempenha um papel mais importante no mundo hoje em comparação com dez anos atrás. Eles estão certos, mas crescer em importância na comunidade global caminha lado a lado com a obrigação de assumir mais responsabilidades.

O foco está na China, em suas realizações e seus objetivos, e em como ela exercerá seu novo papel na comunidade global. Em 2016, a China poderia comemorar outro marco em seu posicionamento global, já que o yuan foi incluído no Direito de Saque Especial, a cesta de moedas do mundo. Compreensivelmente celebrado pela mídia chinesa, é provável que muitos nunca tenham ouvido falar do Direito Especial de Saque, o que não é de admirar, pois é amplamente ignorado fora do Fundo Monetário Internacional (FMI). No entanto, para os chineses, era uma confirmação de seu status no cenário mundial como uma superpotência econômica e financeira.

A indústria armamentista chinesa

A China ganhou influência global ao aumentar estrategicamente sua indústria de armamentos, tornando-se forte o suficiente para abalar as bolsas de valores globais, como aconteceu em junho de 2015. Ao alcançar o terceiro lugar em participação de mercado nas exportações de armamentos convencionais, a China também se tornou uma participante dessa indústria (atrás dos Estados Unidos e da Rússia). Suas exportações aumentaram 88% entre 2011 e 2015. Sua participação de mercado nas exportações globais de armamento aumentou para quase 6% tornando o país o terceiro maior exportador do mundo. É um terceiro lugar distante, comparado aos EUA (com 33%) e à Rússia (com 25%), mas está ganhando força. Enquanto suas exportações de armas permanecem 75% na Ásia, a Turquia pode se tornar o primeiro membro da OTAN a encomendar armas da China, se a venda de sistemas de defesa antimísseis para o país for assinada (*Die Zeit*, 21/10/ 2016).

O clima no mundo todo está mudando. Nem a comunidade global nem o mundo dos negócios podem se dar ao luxo de ignorar ou interpretar mal a China. Se a política chinesa puder orientar a China a alavancar todo o seu potencial, sua posição e importância aumentarão drasticamente. No entanto, também crescerá sua responsabilidade como membro da comunidade global.

O novo papel da China na governança global

O envolvimento da China no governo global faz parte da mudança de poder nos sistemas internacionais. Sua posição estratégica é basicamente determinada por o país estar no centro de um eixo Leste-Oeste, tanto em territórios continentais quanto marítimos. A importância do papel da China nos campos econômico, de segurança e jurídico de formulação de políticas globais em instituições internacionais está aumentando gradualmente. O fato de o país ter fundado o Banco Asiático de Investimento em Infraestrutura (AIIB, na sigla em inglês) destaca sua determinação de estar no centro das reformas do governo global.

A crescente importância da China desperta medo, bem como expectativas exageradas de como isso contribuirá para a comunidade global. Os julgamentos girarão em torno do que será feito, e não do que será dito. Isso vale tanto para o cenário internacional quanto para o mercado interno.

Mas, embora a mentalidade da sociedade chinesa não mude rapidamente, os direitos individuais desempenham um papel cada vez maior no país e no mundo. Como a posição da China em relação aos direitos e às liberdades individuais se entrelaçam com a sua visão de governo global?

O Partido Comunista da China alcança sua legitimidade a partir do desempenho econômico e da lealdade às realizações do passado. As pessoas querem ganhar dinheiro e, desde que o governo ofereça um ambiente que permita ao povo melhorar seu padrão de vida, a política não terá um papel relevante. Mas o crescimento do seu PIB deve ser acompanhado por um crescimento na renda das famílias.

O Banco Mundial reconheceu a China como uma nação de renda média-alta a caminho de se tornar uma das economias avançadas do mundo. Isso também se reflete na mentalidade de seu povo. A classe média instruída está pressionando cada vez mais para que suas vozes sejam ouvidas. Eles não questionam o sistema propriamente dito, e sim, a forma como esse poder é exercido nos campos que os afetam, como a implementação do Estado de Direito, a proteção ambiental e as melhores redes de segurança social.

Mas, quaisquer que sejam as falhas, os chineses não querem que o ocidente lhes dê sermões sobre como seguir em frente e fazer as mudanças acontecerem.

CAPÍTULO QUATRO

Compreendendo os elementos emergentes

Em nossas viagens por países emergentes da América Latina, Ásia e África, experimentamos ódio e otimismo ao mesmo tempo. Ódio pelas atuais condições políticas e econômicas, e otimismo pelo futuro. Entretanto, ansiosas por mudança e progresso, as economias emergentes da faixa sul não vão ficar paradas aguardando. As economias emergentes ao redor do mundo estão estabelecendo novos objetivos socioeconômicos e construindo novas alianças. Enquanto alguns países do ocidente estão descansando em suas glórias passadas, as economias emergentes estão realmente se esforçando em criar um futuro melhor. Porém, entre o seu inglório passado e o seu futuro promissor, o grande obstáculo de criar estruturas de crescimento precisa ser eliminado. A consequência é uma jornada turbulenta, com ápices de euforia e contratempos assustadores, já que as estruturas para o crescimento sustentável ainda não foram estabelecidas. Contudo, mesmo grandes flutuações não alteram a tendência geral de ascensão das economias da faixa sul.

Mais de 80% da população mundial está em processo de desenvolvimento nacional, aprendendo com os avanços e erros do ocidente. No livro *O líder do futuro* escrevemos que, na

China, a periferia é o centro. O que era realidade para a China agora é verdade para o mundo. Aqueles que uma vez foram descritos como a periferia no Ocidente, isto é, os países da Ásia, África e América Latina, estão se transformando em novos centros econômicos em um mundo multicêntrico. Nossa intenção neste capítulo é retratar a transição que vemos surgir na primeira metade do século XXI. Um quadro no qual combinamos dados e informações confiáveis de diversas fontes, com anos (normalmente décadas) de viagens e experiências pessoais realistas.

Quem pertence à classe média global?

Muitas das economias emergentes que chamamos coletivamente de faixa sul estão prestes a desempenhar um papel muito mais importante na economia global. É claro que existem enormes diferenças em seus níveis de desenvolvimento. Desde a China, que é tanto uma economia desenvolvida quanto emergente, até países que quase não se enquadram, como o Senegal, ou pior, a Venezuela, que não atende mais aos critérios. Omitimos a Rússia, porque ela está dançando à margem, emocionalmente inclinada para o ocidente, mas se unindo estrategicamente à China e à faixa sul, de forma politicamente relevante, mas economicamente desastrosa.

Embora existam relatos sobre a ascensão de uma classe média global, temos que considerar o que significa "classe média". É uma mentalidade subjetiva e um critério objetivo e mensurável. É claro que é tão heterogênea quanto os países em cada continente. E, ao julgar as necessidades e as oportunidades comerciais, precisamos diferenciar os vários níveis e os hábitos culturais de cada classe média local.

Diferentes critérios para definir "classe média"

De acordo com um estudo realizado pelo Pew Research Center [Mais informações no site em inglês: http://www.pewglobal.org/2015/07/08/a-global-middle-class-is-more--promise-than-reality/], de 2001 a 2011, quase 700 milhões de pessoas conseguiram sair da pobreza, mas foi por um triz. Em 2011, 13% da população mundial vivia pouco acima da linha da pobreza nos Estados Unidos, com a renda de US$ 10 a US$ 20 por dia (com base em 365 dias por ano), o que "se traduz em uma renda anual de US$ 14.600 a US$ 29.200 para uma família de quatro pessoas." Em comparação, a linha de pobreza nos Estados Unidos em 2011 foi de US$ 23.021 para uma família de quatro pessoas. Naturalmente, as linhas de pobreza nos países desenvolvidos diferem muito daquelas das economias emergentes, que variam de US$ 10 a US$ 190 por dia.

Pela definição do Brookings Institute, a faixa da classe média nos Estados Unidos começa em uma renda anual de US$ 41 mil. O Departamento de Saúde e Serviços Humanos define uma família de quatro pessoas que vive com US$ 23.850 no país como pobre. A Suíça considera um casal sem filhos e com uma renda em torno de US$ 70 mil como classe média. O Pew Research Center também descobriu que 203 áreas metropolitanas norte-americanas tinham uma classe média em encolhimento. Mas, por mais preocupante que essa estatística possa parecer, o estudo também descobriu que a classe média estava perdendo membros não necessariamente porque estavam descendo da pobreza, mas subindo para a categoria de famílias mais ricas.

Novos mercados, um poder aquisitivo diferente

A imagem muda se nos voltarmos para a África. Segundo um estudo da *The Economist*, 90% dos africanos ainda estão ganhando menos de US$ 10 por dia. A classe média que varia de US$ 10 a US$ 20 (US$ 3.650 a US$ 7.300 por ano por pessoa que trabalha 365 dias por ano) é estimada em 6,2%. O que é considerado uma classe média alta, com uma renda de US$ 20 a US$ 25 por dia, atingiu apenas 2,3% e seria classificado como muito pobre nos Estados Unidos e na Europa. Grandes empresas internacionais como Coca-Cola e Nestlé tiveram que admitir que o crescimento da classe média africana é lento e não repete a ascensão muito mais rápida da classe média da Ásia, onde empregos relativamente bem pagos nas fábricas tiraram milhões da pobreza. Os países da Associação dos Países do Sudeste Asiático (ASEAN) definem classe média como aqueles que ganham entre US$ 10 e US$ 100 por dia. Com base nesses números, em 2012, quase 200 milhões de pessoas foram consideradas como classe média. A Nielson estimou que o número dobraria até 2020, e chegando a 400 milhões. A China, que mal tinha uma classe média até o final dos anos 1990, agora tem 225 milhões de pessoas com uma renda entre US$ 11.500 e US$ 43 mil por ano.

Ao mesmo tempo, a maior parte da nova classe média nasce nas cidades. Sua ascensão e a rápida urbanização e estão interconectadas. E enquanto o consumo na África está abaixo das estimativas, o peso das compras nos países asiáticos está aumentando.

A classe média da América Latina cresceu de 16% em 2001 para 27% em 2011. Além disso, o comportamento do consumidor na América Latina, na África e na Ásia é diferente. Quando estamos na América Latina, a chamada "vida boa" em quase todos os países anda de mãos dadas com gastar dinheiro em

COMPREENDENDO OS ELEMENTOS EMERGENTES • 85

restaurantes, sair com os amigos e se divertir. Os brasileiros economizam apenas cerca de 10% de sua renda, enquanto os chineses guardam quase um terço. Embora economizar dinheiro tenha um papel importante em todas as partes da China, quanto mais para o sul você vai, mais descontraído é o estilo de vida. Mas em toda a China a riqueza está aumentando.

África: da ajuda estrangeira a inúmeras oportunidades?

Quem acompanha a África tem observado um despertar. Infelizmente, assim como acontece com a China, as más notícias sobre a África chegam à mídia global muito mais rapidamente do que as boas novas, embora as más notícias sobre o norte do Saara na África permaneçam conosco por muito tempo.

Quando falamos sobre a África neste livro, estamos nos concentrando nas nações subsaarianas. Por mais triste que seja, não podemos esperar muito progresso dos países do norte da África. Sua população é profundamente dividida, em termos étnicos, por Magrebes, incluindo berberes, coptas, egípcios e funjes, e no aspecto religioso, pelo conflito de 1.400 anos entre a maioria sunita e a minoria xiita. A Primavera Árabe foi muito mais um alvoroço contra um governo econômico ruim, a corrupção e a desigualdade do que um apelo à democracia ocidental. Não havia história na construção da nação, nenhum consenso sobre o qual construir. Quanto mais altas se tornarem as barreiras entre elas, menor a probabilidade de serem derrubadas.

Compensação pela frustração

O especialista em África Laurence Brahm, advogado internacional, economista, autor e fundador dos paradigmas econômicos do Himalaia e do Consenso Africano acredita que:

> O terrorismo não é o único resultado de crenças religiosas fundamentalistas, como caracterizado em certos meios de comunicação tradicionais. As pessoas recorrem a medidas extremas quando não têm saída para expressar sua frustração com as condições de pobreza, marginalização étnica ou ambas. Frequentemente, crenças religiosas podem ser tragicamente usadas como justificativa ou pretexto para esse extremismo. A profunda insatisfação seguida pelo terrorismo são reações sequenciais aos mesmos conjuntos de problemas. Aqueles associados à alienação de grupos étnicos devem ser tratados na raiz do problema, por meio do empoderamento econômico, da educação, da assistência médica e da devolução às pessoas do que é delas, isto é, o reconhecimento de sua própria diversidade individual, a sua identidade e o seu autorrespeito. Caso contrário, a dissidência e a disputa não desaparecerão, independentemente de quão sofisticadas sejam as tecnologias militares e as teorias de reengenharia social dos estados constituintes.

Além das diferentes histórias do norte e do sul do Saara, a África, assim como a Ásia, não é um bloco homogêneo. Seus países podem ser grandes como a Argélia (2.381.741 km²), que é 3,5 vezes o tamanho do Texas, e pequenos como a Gâmbia (10.120 km²), que é a metade de Delaware. A Nigéria tem o maior

COMPREENDENDO OS ELEMENTOS EMERGENTES ▪ 87

PIB (quase US$ 500 bilhões) entre todos os países africanos, e o PIB de US$ 333 milhões de São Tomé e Príncipe fecha a lista como o menor.

Os 54 estados soberanos da África mostram suas múltiplas faces

Fala-se de "África" como se fosse um país, não um continente. No entanto, cada um de seus 54 estados soberanos mostra várias faces, desde as abaladas por conflitos, desesperança e pobreza até as modernas e vibrantes, com uma classe média autoconfiante.

Um dos países outrora mais promissores, a África do Sul, que em 2016 recuperou sua posição como a maior economia da África, tirou mais de 3,5 milhões de pessoas da pobreza extrema na última década. E, embora esteja crescendo muito mais lentamente que a classe média da Ásia, a nova classe média da África é a força motriz em andamento, e seus 310 milhões de consumidores não se encaixam mais no velho clichê africano de uma África desamparada, pobre e preguiçosa. E, no entanto, apesar do alto crescimento do PIB, seu desemprego, sua pobreza e sua desigualdade permanecem entre os mais altos do mundo. Além disso, as perspectivas econômicas da África tornaram-se sombrias.

O crescimento do PIB na Nigéria, agora voltando a ser a segunda maior economia da África, caiu para 13,7% no primeiro trimestre de 2016 em relação ao trimestre anterior, com uma grande chance de entrar em recessão (Banco Central da Nigéria). Esse revés decepcionante ocorreu após um salto sensacional para um crescimento de 33% do PIB em 2004, que ainda era robusto, com 7%, em 2007. Jovens empreendedores dinâmicos e o grupo islâmico militante da Nigéria, Boko Haram, mostram dois lados diametralmente opostos de

Alcançando objetivos sustentáveis

mentalidades altamente diversas — o empreendedorismo e a ambição de um lado, o terror do outro.

Alcançando objetivos sustentáveis

Apesar de todos os problemas da África, de acordo com o acelerador de ecossistemas da GSMA em agosto de 2016, cuja missão é dimensionar serviços móveis inovadores e sustentáveis em mercados emergentes por meio de parcerias entre operadoras e inovadores, o número de centros de tecnologia na África mais do que dobrou, passando de 117 em 2015 para 314 em agosto de 2016. Mais da metade dos polos tecnológicos está localizada em apenas cinco países: Egito, Quênia, Nigéria, Marrocos e África do Sul, que lidera a lista com 54 polos.

Os investidores e capitalistas de risco norte-americanos estão optando cada vez mais por startups em todo o continente africano. A IBM lançou centros de inovação em Lagos e Casablanca. A Microsoft criou o projeto Afrika, de US$ 75 milhões, depois de concluir que era hora de investir no continente africano. Além do investimento em projetos solares de US$ 12 milhões em novembro de 2015, o Google anunciou seus planos de investir no Projeto de Energia Eólica Lake Turkana, o maior parque eólico da África, no Quênia. A queda nos custos de banda larga ajuda esse investimento, e a transformação digital será impulsionada nos países africanos. Solomon Assefa, pesquisador e vice-presidente de ciência e tecnologia da IBM, vê a África se transformando:

> Há maior estabilidade e muita banda larga, um enorme crescimento econômico, além de muita infraestrutura sendo construída e muito investimento estrangeiro.

COMPREENDENDO OS ELEMENTOS EMERGENTES ▪ 89

Um dos maiores problemas da África é a falta de infraestrutura e de estradas, e a ausência de um sistema bancário, o que levou a um comércio eletrônico em expansão. Mas pagar por produtos on-line não era uma tarefa fácil: os sistemas de telecomunicações demoraram a se desenvolver e os tempos de espera para telefones fixos eram longos. Com o lançamento do PayPal em 2014, a Nigéria se tornou o terceiro maior mercado de comércio eletrônico móvel do mundo, com transações de mais de US$ 610 milhões em 2015. Embora esse número represente principalmente transações internacionais, o comércio eletrônico também oferece grandes oportunidades para pequenos comerciantes locais visando a nova classe média. O M-Pesa, desenvolvido no Quênia, ainda é relativamente uma das poucas histórias de sucesso da África em serviços financeiros móveis que oferecem uma alternativa acessível e mais barata do que os bancos tradicionais. As oportunidades estão prontas, principalmente porque dois terços dos adultos subsaarianos usam telefones celulares.

No Samsung Africa Forum de 2016, realizado em Mônaco, a gigante sul-coreana apresentou o tema "Inovações que transformam a vida das pessoas". A empresa também anunciou que aumentaria seus esforços para obter cidadania corporativa na África, em uma tentativa de ajudar o continente a atingir metas de desenvolvimento sustentável. A Samsung está comprometida em usar sua tecnologia digital para transformar processos de aprendizado em países africanos. Cursos de internet, escolas inteligentes e academias de e-learning com energia solar podem fornecer soluções para melhorar o aprendizado, transformando os processos de ensino. Isso facilitará a redução das taxas de evasão escolar e ajudará os que se formaram a ingressar no mercado de trabalho com sucesso.

Novas oportunidades para o cidadão africano

Novas ideias não estão apenas mudando os hábitos dos consumidores, como também abrindo oportunidades para os africanos comuns, e sem a necessidade de grandes investimentos.

O Airbnb tanto está mudando o comportamento dos turistas, como também está gerando renda para as pessoas que estão dispostas a alugar seus espaços. Somente na África do Sul, mais de 130 mil turistas ficaram em locais alugados via Airbnb em 2015. A Cidade do Cabo lidera com dez mil hospedagens, seguida por Joanesburgo, com duas mil, criando uma renda média para os proprietários de US$ 2.260 por ano. Samantha Allenberg, diretora de Comunicação da Uber na África, refere-se ao impacto social do aplicativo de transporte Uber: "Promovemos a criação de milhares de oportunidades de trabalho em toda a África e acreditamos que podemos contribuir com outras milhares nos próximos anos". A Uber está presente em sete países africanos e acredita em um alto potencial de crescimento, dada a ascensão da classe média.

Investimentos customizados para países africanos

Os africanos simplesmente não apenas esperam para ver o que as empresas internacionais podem oferecer. Os empreendedores locais estão desenvolvendo produtos digitais sob medida para a África. Alguns exemplos são o apoio de Ruanda ao turismo e às plantações de café, os especialistas em TI do Quênia e os aplicativos para celular e as exportações de flores da Etiópia. O Botsuana dedica-se a recuperar a cadeia de valor agregado dos diamantes no país. No futuro, não apenas exportará diamantes brutos, como também trabalhará as pedras no país.

COMPREENDENDO OS ELEMENTOS EMERGENTES ▪ 91

A grande maioria dos consumidores da classe média da África está operando no espaço digital. A Frost & Sullivan estimou que a inserção da internet chegaria a 75% em 2020. O número de telefones celulares na África atingiu 650 milhões. Para os jovens africanos, que estão cada vez mais conectados e se beneficiam do aumento do acesso à informação, a internet se tornou a porta aberta para a criação de seus próprios negócios. Ela também apoia a sociedade civil e acelera as mudanças sociais.

Sob a manchete "Os artistas prosperam na África à medida que a liberdade cresce", o *New York Times* escreveu sobre o impacto positivo que "o crescimento das expectativas democráticas, o declínio das ditaduras e a explosão da internet" têm sobre o florescimento dos artistas africanos. Passo a passo, novos projetos e produtos estão criando um cenário artístico colorido: a indústria cinematográfica da Nigéria, conhecida como Nollywood, o Festival do Vale do Rift no Quênia, e jornais literários como o *Kwani?*, a principal publicação fundada por alguns dos novos escritores mais interessantes do Quênia.

O cenário artístico da África está se destacando cada vez mais da influência europeia-norte-americana, na medida em que busca maior autossuficiência. Em janeiro de 2013, no *New York Times*, Ginanne Brownell escreveu:

> Como a África, mesmo no mundo da arte, o caminho para o apoio financeiro e o reconhecimento já atravessou o ocidente. Mas o cenário sempre em mudança da política e da economia africanas e uma prolongada crise financeira no ocidente levaram uma crescente rede de artistas, curadores e organizações sem fins lucrativos a procurar maneiras de separar o mundo da arte africana de seu eixo euro-americano.

A África se manterá como uma das regiões de crescimento mais rápido

À escrita deste livro, os dados então mais recentes publicados pelo novo *Africa's Pulse*, do Banco Mundial, analisam tendências e dados econômicos no continente africano. Sua perspectiva geral para 2014 era de que a porção subsaariana, devido a investimentos substanciais em infraestrutura, esteja passando por uma forte recuperação na agricultura e expansão de serviços, capacidade elétrica e transporte. A África continuaria sendo uma das regiões de mais rápido crescimento, com o desenvolvimento econômico passando de 4,6% em 2014 para 5,2% em 2015-2016.

Resta saber se o continente conseguiria tornar seu futuro próspero. Nosso julgamento, assim como o julgamento dos investidores, baseia-se igualmente em contar com o potencial da África e com o que realmente pode ser visto hoje em campo. Em um estudo que analisou 44 países da região subsaariana, a Fundação Bill & Melinda Gates calculou o potencial que a digitalização traria para os países africanos. Com base na taxa de digitalização no Quênia, possíveis aumentos sem alavancagem variaram de 28% na África do Sul a 155% na Etiópia. Uma grande parte do mercado de provedores de dados móveis é inexplorada, mas, para um melhor entendimento, são necessários dados cada vez mais confiáveis.

Os argumentos para "miríades de oportunidades" são baseados na mentalidade da população jovem da África, que não carrega a bagagem pesada da mentalidade colonial de vítima. Um governo pobre, como em muitos países africanos, desencoraja e limita o engajamento de jovens empreendedores. Um dos pilares que sustentam o crescimento da África é, como dissemos antes, a China, que também é o maior parceiro comercial do continente. O projeto de infraestrutura do sécu-

COMPREENDENDO OS ELEMENTOS EMERGENTES • 93

lo na China, a nova Rota da Seda marítima, oferece grandes oportunidades ao conceder aos países e indústrias africanos um maior acesso ao fluxo de comércio e aos mercados globais.

Em suma, não iríamos tão longe quanto o ex-presidente da Nigéria, Olusegun Obansanjo, que previu o século XXI como sendo o século da África, e talvez não tão longe quanto as "miríades de oportunidades" de Berger, mas estamos otimistas. O continente precisa é de espírito empreendedor, coragem, ideias inovadoras e recompensas por bons esforços.

E os políticos africanos na Europa?

Em 12 de novembro de 2015, a União Europeia e 24 países africanos anunciaram com orgulho o chamado Plano de Ação de Valetta. Uma definição explícita de interesses e demandas poderia sinalizar uma virada, se não uma mudança de paradigmas, como o Ministério das Relações Exteriores da Alemanha formulou. A União Europeia estabeleceu um fundo, para o qual contribuiu com € 1,8 bilhão. Cada um dos 28 membros foi solicitado a enviar recursos adicionais voluntariamente. Mas, até outubro de 2016, apenas € 81 milhões tinham sido adicionados.

"Só a África pode salvar a si mesma", era a afirmação básica de Paul Collier, professor da Universidade de Oxford e consultor do Ministério das Finanças da Alemanha, enquanto este país assumia a presidência do G20 em 2017. A emigração da África para ele aumenta o problema da fuga dos cérebros, pois os mais ativos e criativos estão indo embora. Collier aponta que os principais problemas são o foco em ensinar aos governos locais o que fazer e uma enorme concentração em questões sociais.

Se tirarmos a responsabilidade dos governos africanos de fornecer moradia e escolas para o seu povo, como o povo pode dar a eles o apoio necessário para promover seus países?

Na opinião dele, "as empresas trazem riqueza. Elas são um motor de progresso e podem desencadear mudanças sociais abrangentes. Foi exatamente o que aconteceu na China".

Dominando seu próprio destino

Pela nossa experiência, sabemos que apresentar a China como modelo não funciona bem no ocidente. A população de cada país quer tomar as rédeas de seu próprio destino usando modelos que eles construíram, um ponto que Collier destaca:

> Quando eu era criança, a China era paupérrima; hoje, é uma potência econômica. Se tudo correr como deve, os países precisam de uma geração para superar a pobreza.
>
> A Grã-Bretanha travou uma guerra contra a China para inundar o país com ópio. Os chineses não desanimaram. Não quero menosprezar o colonialismo na África, mas, se declararmos os africanos como vítimas, os incapacitaremos. Na minha experiência, especialmente os jovens africanos não querem mais ouvir isso. Há uma geração que quer tomar as rédeas de seu próprio destino. Essas pessoas são o futuro.

Ásia: de aprendiz do ocidente a continente dominante no mundo

A Ásia é excelente de várias maneiras. É o continente mais populoso, sendo a China o país com mais habitantes. A Rússia é o maior país do mundo e a Índia, a maior democracia. O Himalaia é a cadeia de montanhas mais alta do planeta; Baikal, o lago continental mais profundo e mais antigo; Mariana, a parte mais profunda dos oceanos; o Mar Morto tem a menor elevação em terra e o corpo de água mais salgado.

A Ásia tem os países mais intercontinentais como a Rússia, o Cazaquistão, a Indonésia, o Japão, o Egito e a Turquia. A Ásia desempenha um papel importante como berço de muitas culturas. A maioria das religiões do mundo se originou no continente asiático.

A Ásia é especial para nós, pois foi o *Megatendências Ásia* que nos uniu como autor e editora. Naquela época, não sabíamos que nossa vida futura como casal e como coautores estaria intimamente ligada à Ásia e à China. Embora estivesse nítido para nós, quando o *Megatendências Ásia* foi escrito em 1994, que a Ásia teria um papel importante nas próximas décadas:

> O que está acontecendo na Ásia é de longe o desdobramento mais importante do mundo hoje. Nada mais chega perto, não apenas para os asiáticos, como para todo o planeta. Sua modernização remodelará para sempre o mundo à medida que avançarmos para o próximo milênio.

O livro terminou da seguinte forma:

Durante os últimos 150 anos de progresso e prosperidade desfrutados no ocidente, grande parte da Ásia estava em situação de pobreza. Agora, os asiáticos estão a caminho de um renascimento e de uma oportunidade para reafirmar a grandeza e a glória de suas civilizações. Combinando a ciência e a tecnologia, os asiáticos poderiam fornecer ao mundo um novo modelo, que combine a modernização com as virtudes dos valores orientais e ocidentais, reconciliando liberdade e ordem, individualismo e preocupações comunitárias. A consequência mais profunda da ascensão do oriente é o nascimento de um novo modelo de modernização.

Os países asiáticos são orientados para oportunidades. A princípio, os Quatro Tigres asiáticos — Hong Kong, Cingapura, Coréia do Sul e Taiwan — alcançaram um grande crescimento e uma rápida industrialização entre 1960 e 1990. Cingapura pulou entrou na cena industrial para se lançar com toda a força na era da informação: a cidade-estado desenvolveu a infraestrutura mais sofisticada do mundo e se tornou um centro operacional para empresas multinacionais. Hong Kong tornou-se o maior concorrente de Londres e Nova York em termos de finanças globais. A Coreia do Sul alcançou a liderança mundial na fabricação de produtos de alta tecnologia e qualidade.

O exército da libertação do povo chinês como inovador

Um dos pioneiros mais surpreendentes da criatividade empresarial foi o Exército de Libertação Popular da China (ELP). Enfrentando cortes dolorosos em seu orçamento, eles procuraram a solução em oportunidades de ganhar dinheiro. Pouco divulgado pela mídia entre 1984 e 1995, o ELP criou mais de

COMPREENDENDO OS ELEMENTOS EMERGENTES • 97

vinte mil empresas com lucros de cerca de US$ 5 bilhões, o que o tornou o maior e mais lucrativo império comercial da China. Foi estimado que metade do pessoal militar da China estava envolvido em atividades comerciais civis.

ASEAN: setenta milhões de lares na classe consumidora

Logo após a publicação do *Megatendências Ásia*, em 1997, a crise financeira asiática chocou os mercados e levou muitas vozes a descrer da Ásia como uma potência econômica — com muita rapidez, como sabemos agora. O leste da Ásia estava substituindo o Japão como o impulsionador da economia em expansão da região. Em 1995, o PIB do Japão estava em seu quinto ano consecutivo de estagnação. Infelizmente, a previsão do *Megatendências Ásia* de que o país estava em um longo processo de decadência se mostrou correta.

Apesar da estagnação do Japão, a crescente importância da Ásia na economia global continuará impulsionando alguns dos países que mais crescem no mundo, entre os quais estão agora a Índia, uma Coreia cada vez mais forte e a Associação das Nações do Sudeste Asiático (ASEAN). A ASEAN foi formada há quase cinquenta anos e permaneceu sem uma grande presença no cenário mundial por algum tempo. Ao longo dos anos, seus dez membros — Indonésia, Malásia, Filipinas, Cingapura, Tailândia, Brunei, Mianmar, Camboja, Laos e Vietnã — ganharam crescente importância. Agora, com uma população de milhões e um PIB combinado de US$ 2,4 trilhões (2014), os países da ASEAN se tornaram uma potência econômica entre os países da faixa sul. Se fossem um único país, seu PIB seria o sétimo maior do mundo. É a quarta maior região exportadora do mundo, atrás da União Europeia, da América do Norte e da China.

A Oxford Economics estima que a participação da Ásia na economia global será de quase 45% até 2025. A Ásia não apenas cobre cerca de um terço da massa terrestre do mundo, como também está no caminho de se tornar o continente dominante e é, de longe, a região de crescimento mais rápido no mundo. A Ásia se destaca em muitos aspectos.

Uma mudança de cenário no mundo corporativo

Em seu Relatório Especial sobre Negócios na Ásia, em 31 de maio de 2014, a *The Economist* afirmou: "Até 2030, a Ásia terá superado a América do Norte e a Europa combinadas em termos de poder global, com base em PIB, tamanho da população, gastos militares e investimento tecnológico". Algumas das maiores empresas do mundo estão na Ásia: a PetroChina, com faturamento de US$ 203 bilhões; a ICBC, na China, com US$ 198 bilhões; a Samsung, na Coreia do Sul, com US$ 161 bilhões; a Toyota, no Japão, com US$ 193 bilhões; a China Construction Bank, com US$ 162 bilhões; a Alibaba, na China, com US$ 200 bilhões; a TSMC (Taiwan Semiconductor Manufacturing Company), em Taiwan, com US$ 101 bilhões —, para mencionar apenas as empresas que fazem parte do grupo com faturamento acima de US$ 100 bilhões. Para efeito de comparação, a maior empresa da Índia é a Reliance Industries, com faturamento de US$ 50,6 bilhões (dados da *Forbes* e da *The Economist*).

Em comparação, a Apple está avaliada em US$ 586 bilhões; a Siemens, da Alemanha, em US$ 91 bilhões; e a Novartis, da Suíça, em US$ 203 bilhões.

Os dez primeiros da lista da *Forbes* são metade dos Estados Unidos e metade da China. As cinco empresas chinesas são estatais; as cinco norte-americanas, privadas. Mas como parte do rejuvenescimento da China defendido pelo presidente Xi, as empresas estatais da China também precisam se abrir para investimentos privados.

A Ásia agora representa 27% do capitalismo de mercado mundial. O mercado consumidor da Ásia é enorme, representando 30% dos gastos da classe média mundial, e 47% da produção mundial ocorre na Ásia. Quase 55% do comércio da Ásia está dentro da região [Mais informações no site em inglês: http://dupress.com/articles/asia-pacific-economic--outlook-q1-2016-asia-economic-growth-continues/].

Este é o contexto do continente em que a China iniciou sua iniciativa "One Belt One Road", o renascimento da Rota da Seda marítima e terrestre. Não há dúvida de que fará parte da transformação econômica das próximas décadas, com impacto em todos os outros continentes. Abordaremos a questão em mais detalhes no Capítulo Cinco, "Um novo mapeamento do mundo".

América Latina: um passo e meio à frente e um passo atrás

Se metade do impulso e do ritmo que os latino-americanos têm no sangue fosse aplicada em sua economia, teríamos uma história de sucesso global. Talvez sejam as belas paisagens e o sol brilhante que levam ao espírito positivo geral subjacente de seu povo, apesar de todos os problemas óbvios. E seja o carnaval do Rio de Janeiro, o sabor da caipirinha em um bar na praia, o tango argentino ou o estilo latino-americano de "boa vida", a região tem o benefício adicional de ser objeto do carinho do mundo.

100 • DOMINANDO AS MEGATENDÊNCIAS

Sendo realista, à medida que você adquire uma compreensão mais profunda dos países latino-americanos e de seu povo, começa a perceber as sombras projetadas pela fachada ensolarada. A gestão, os sistemas judiciais, a segurança pública, a justiça e os parlamentos são frequentemente pontos fracos no sistema. Por outro lado, o fato de essas fraquezas nos serviços públicos nutrirem um maior senso de autoconfiança fez com que os latino-americanos simplesmente não esperem o Estado entrar em ação quando são perfeitamente capazes de tomar as rédeas de seus próprios destinos. E é melhor eles fazerem isso. À época da redação deste livro, o Brasil passava por sua pior recessão desde a década de 1930. A equipe do presidente Michel Temer prometeu "trazer esperança e uma nova era" para o país, mesmo que ele também estivesse em perigo de se envolver em investigações de corrupção. Para os brasileiros, um dos melhores sinais é que os empresários e funcionários corruptos agora são realmente condenados e presos.

Na Argentina, um dos países mais ricos do mundo na década de 1950, Mauricio Macri está tomando ações ousadas para combater o naufrágio de sua economia. Apesar do declínio em 2016, o FMI esperava um crescimento de 2,8% em 2017, embora isso não fosse possível sem cortes dolorosos nos subsídios e benefícios sociais. E tais cortes, no devido tempo, levam à resistência daqueles que primeiro alçaram Macri ao poder. Tanto o Brasil quanto a Argentina competem por investimentos estrangeiros para finalmente avançar em seus atrasados caminhos.

Nas últimas décadas, graças à natureza feliz de seu povo, os países da América Latina tropeçaram na globalização sem ter uma imagem clara de seu papel nela. E eles negligenciaram um pilar fundamental do comércio global: infraestrutura de qualidade. Essa lacuna tornou-se a oportunidade do maior

COMPREENDENDO OS ELEMENTOS EMERGENTES • 101

investidor atual em projetos de infraestrutura da América Latina: a China. Ela investiu mais na infraestrutura doméstica da América Latina do que em qualquer outra região, embora a participação da China no IDE total da região ainda seja de apenas 6%. No quadro geral, a América Latina e a China estão se aproximando, enquanto a América do Norte e a América Latina estão se afastando. O comércio entre a China e a América Latina aumentou rapidamente, de 2% em 2000 para 11% em 2010. A outrora forte influência dos EUA está diminuindo.

Se os Estados Unidos não estão dispostos ou não conseguem competir com o envolvimento da China na América Latina, o resultado permanece o mesmo. Muito diferentes das estratégias de mercado dos Estados Unidos, os chineses abordam seus objetivos com uma estratégia desenvolvida ao longo de milhares de anos: "Pratique o pensamento estratégico". Sun Tzu, em tratado militar *A Arte da Guerra*, que remonta ao século V a.C., incentivava os chineses a desenvolverem uma visão panorâmica coordenada que, em nossos dias, está sendo aplicada na abordagem da China à geopolítica.

A América Latina se beneficiou do grande investimento chinês, assim como os Estados Unidos. E não foram os chineses, e sim, os mercados livres que permitiram à Huawei superar a Ericsson e montar muitas das redes de telecomunicações da América Latina; por exemplo, seis das sete redes de telefonia móvel 4G do Brasil. Mas, beneficiando-se de um mercado consumidor crescente, não estão somente as redes de telefonia móvel. A varejista multinacional francesa Carrefour alcançou um aumento de 9,7% em suas vendas na América Latina (incluindo efeitos cambiais) e um aumento de 25% no Brasil.

O terreno está preparado para os investimentos

Atualmente, os 33 países da América Latina e do Caribe formam uma das regiões mais diversas do mundo. Sua população cresceu para 642 milhões. Mas por milênios, a população não superava as 30 milhões de pessoas. A região tem uma história rica; muitas de suas culturas indígenas, algumas altamente civilizadas como a asteca, a inca e a maia, floresceram independentemente de outras culturas do mundo. Seu desenvolvimento cultural foi brutalmente interrompido em 1492, quando Cristóvão Colombo, o explorador italiano, pôs os pés no "Novo Mundo", sob a bandeira do rei espanhol Fernando II. Na virada do século XVI, Pedro Álvares Cabral liderou uma frota de navios portugueses e reivindicou o novo território hoje conhecido como Brasil para o rei Manuel I. Foi a origem das línguas dos conquistadores, espanhol e português, que deram à "América Latina" seu nome.

Depois de tempos políticos e econômicos difíceis no século XX, os países latino-americanos tornaram-se majoritariamente democráticos e quase todos, compostos por economias de mercado. No norte, o extremo socialismo da Venezuela, da Bolívia e do Equador resultou na queda desses países para o final do Ranking de Liberdade Econômica da Heritage Foundation de 2016, posicionados em 176°, 160° e 159 ° lugares, respectivamente (na última verificação), colocando-os todos na categoria "reprimido". Eles são membros da Aliança Boliviana (ALBA), que aplica um modelo centrado no estado, com comércio e investimentos de governos centralizados, como a China, que investiu US$ 14,7 milhões somente na Venezuela.

No lado ocidental do continente, a Aliança do Pacífico (PA), com seus membros Chile, Colômbia, Costa Rica, México, Peru

COMPREENDENDO OS ELEMENTOS EMERGENTES ▪ 103

e Panamá, adota uma abordagem orientada para o mercado com o objetivo de melhorar a transparência e a eficiência nos fluxos de capital, bens, estado de direito e proteção da propriedade intelectual. Em maio de 2008, foi fundada a União das Nações Sul-Americanas, agora integrada pelos 12 países independentes da América do Sul. Seu objetivo é a integração econômica e uma moeda comum, parlamento e passaportes. Os comentaristas norte-americanos interpretaram esse movimento como um desdobramento crucial na perda da hegemonia dos Estados Unidos na região.

Aliança pacífica versus aliança boliviana

Não é surpresa para nós que os países da AP tenham atraído investimentos estrangeiros muito mais diretos na década passada do que a ALBA (Data Heritage Foundation, do Banco Mundial).

A América Latina também está contribuindo para a classe média global, alcançando um divisor de águas em 2011, quando pela primeira vez sua classe média superou o número de pessoas que viviam na pobreza. Ao lado da China e do Leste Europeu, é uma das três regiões com a maior expansão da classe média entre 2001 e 2011 (definida pelo Instituto Pew como aqueles com renda diária de US$ 10 a US$ 20 por dia) e agora representa 30% da população (Banco Mundial, 2014). O continente está num caminho novo e melhor. Na competição pelo crescimento, o Paraguai lidera: o Banco Mundial estima uma taxa de crescimento de 11%, seguido pelo Panamá, com 9%, e pelo Peru, com 6%.

Os latino-americanos estão ansiosos por educação, por sucesso e prontos para aproveitar as oportunidades oferecidas pela transformação das próximas décadas. Como afirmou nosso amigo e ex-correspondente latino-americano Dr. Wolfgang Stock, então recém chegado de uma viagem ao Peru:

> O terreno está preparado e os governos latino-americanos são capazes de transformar as fraquezas em força. O investimento estrangeiro direto não está apenas construindo infraestrutura, como criando empregos e novos mercados tanto para o investidor quanto para as regiões locais.

Nosso amigo Walter Link, consultor de empresas e CEOs brasileiros, vê a dificuldade na elite política e empresarial que querem manter o *status quo*, enquanto a oposição e os jovens empreendedores desejam promover mudanças reais. Mas ele também pensa que o fato de um grande número de CEOs ter sido condenado a muitos anos de prisão é um sinal evidente de que algo tão esperado se concretizou.

As reformas são parcialmente lentas, mas esforços sinceros estão sendo feitos. O progresso sustentável não ocorrerá, a menos que os países latino-americanos ricos em recursos naturais comecem a depender menos desses recursos e participem de um planejamento a longo prazo. Grandes investimentos levam tempo para mostrar resultados. Infelizmente, o pensamento político tende a ser mais orientado para as eleições do que para resultados, almejando ganhos políticos de curto prazo em detrimento do progresso econômico a longo prazo. Como escapar desse ciclo é uma questão valiosa não só para a América Latina e o Caribe, mas para a maioria das democracias ocidentais. Mas o que vale para a África vale também para a América Latina: os países devem desenvolver suas próprias soluções. Ninguém pode fazer isso por eles.

CAPÍTULO CINCO

Um novo mapeamento do mundo

Este livro não foi escrito apenas para um país ou público. É dirigido a pessoas de todos os continentes. Portanto, podemos supor que seus leitores vejam o mundo e até a maneira como o descrevemos de maneiras diferentes. A maioria das pessoas enxerga o globo tendo seu próprio país como centro de interesse. O ambiente em que crescemos, nossa família, nossa cultura e nosso país moldam a visão de mundo que temos agora. Mas, de tempos em tempos, os pensamentos e tudo o que neles se baseiam precisam ser reavaliados, principalmente se a forma como esses pensamentos e mentalidades foram moldados remonta a um passado distante. Neste capítulo, daremos uma nova olhada no passado para dominar o futuro e desenvolver uma maior compreensão do novo mapeamento do mundo.

A longa estrada do passado: o conto de dois mil anos

As hegemonias, os soberanos poderosos e os líderes intelectuais em todos os continentes criaram esferas de influência internamente e para além de suas fronteiras. Considere Sócrates, Platão e Aristóteles como o fundamento da filosofia, Atenas como o berço da democracia e a *Ilíada* e a *Odisseia* como o alicerce da poesia. A influência política, jurídica e cultural de Atenas e Roma ainda está conosco. Até hoje, o *Livro Alemão de Direito Civil* (Buergerliches Gesetzbuch) é baseado na jurisprudência do século XIX, que remonta ao direito romano. O Império Romano na Europa, o Reino de Kush e os egípcios na África; os Cinco Hegemons e a Dinastia Zhou na China; as culturas dos incas, maias e astecas da América do Sul deixaram suas marcas na cultura global.

O desenvolvimento econômico também está enraizado no passado. Graças ao economista norte-americano Angus Maddison (1926-2010), podemos obter uma estimativa sobre o desenvolvimento econômico dos últimos dois mil anos e mais (veja a Figura 5.1). Alguns dirão que essa análise é um truque, outros a levam a sério, mas é a melhor aproximação devido à falta de dados, à mudança de fronteiras e a outros obstáculos que funcionam contra números precisos ao longo dos séculos. Embora seus cálculos não sejam isentos de controvérsias, suas observações e seus insights colocam em perspectiva a história das potências mundiais.

Figura 5.1: Uma breve história do ranking das potências mundiais

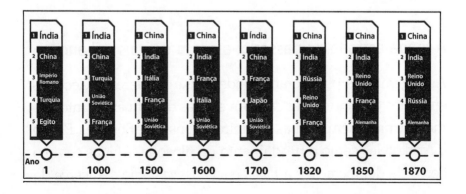

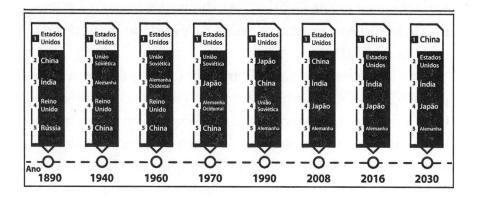

Ao olhar para as imagens anteriores, duas coisas ficam evidentes. A primeiro é que a China não é recém-chegada ao topo da hierarquia do PIB mundial; está simplesmente reafirmando a posição de liderança que havia perdido para os Estados Unidos no final do século XIX. A segunda é que o domínio dos Estados Unidos como potência econômica e militar é relativamente breve no esquema geral. Um terceiro ponto a ser observado é que os países ocidentais como um todo passaram pouco tempo no topo da hierarquia do PIB. Mesmo na época do nascimento de Jesus, quando o Império Romano era uma potência mundial, com a Itália como centro, este país ocupava apenas o terceiro lugar. E, mesmo durante o impressionante período do Reino Unido como Império Britânico, este continuou atrás da China e da Índia em sua maior parte.

Além desse panorama de dois mil anos que Maddison apresentou em 2001, ele estimou a produção econômica alcançada pela economia global no primeiro ano em US$ 105,4 bilhões, medida com base nos valores de 1990. Era menor que o poder econômico de Berlim em fevereiro de 2016, com atingia a marca de € 124,6 bilhões (para evitar flutuações cambiais e variações nos níveis de preços em diferentes países, os cálculos de Maddison foram baseados na paridade do poder de compra do PIB).

Em 1500, a maior cidade do mundo era Pequim, com uma população estimada entre seiscentas e setecentas mil pessoas. Com um PIB estimado em US$ 100 bilhões, a China era a maior economia do mundo, seguida de perto pela Índia. A França ficou em terceiro lugar, com um PIB de aproximadamente US$ 18 milhões, e Paris era a maior cidade da Europa, com duzentos mil habitantes. Roma, outrora o centro do Império Romano, tornou-se irrelevante, com a mudança do papa para Avignon [A versão de 2013 do Maddison-Project, em inglês: http:// www.ggdc.net/maddison/maddison-project/home.htm].

1517, um momento de mudança na história da Europa

Foi o Renascimento Europeu, com seu início no século XIV na Itália, que começou a minar os dogmas cristãos por meio de descobertas científicas que anunciavam a mudança da visão de mundo teocêntrica (Deus no centro) dominante para uma muito mais antropocêntrica (a humanidade no centro). Quando o humanismo, como movimento educacional, se fundiu com as opiniões críticas sobre a base teológica do catolicismo, o declínio do poder hegemônico ganhou impulso.

O declínio do poder hegemônico

No ano de 1517, Martinho Lutero pregou seu manifesto de 95 teses na porta da Igreja do Castelo em Wittenberg, na Alemanha. O ato de um único homem se transformaria em uma avalanche prestes a varrer antigas visões de mundo e abalar o fundamento da força mais poderosa da época: a Igreja Católica. Foi um momento de virada na história e, com o tempo, tornou-se o fator decisivo para transformar a instituição mais poderosa da Europa. O poder da Igreja penetrou o poder terreno de reis, imperadores e duques, e seu dogma manteve a ciência refém.

O poderoso movimento cultural e educacional se espalhou do norte da Itália para a maior parte da Europa. A transição começou com perguntas e dúvidas, uma busca por alternativas, uma mudança de mentalidade e diferentes visões para posicionamentos que antes eram aceitos. A educação apoiou a interação de fatores culturais, sociais e políticos e abriu a mente das pessoas. E, combinada à rápida urbanização, criou a oportunidade de construir uma riqueza modesta para vários profissionais e tornou as cidades prósperas. O controle sobre a educação e sua força econômica haviam sido fortes pilares da hegemonia da Igreja Católica. Com a expansão do Renascimento e da Reforma Protestante, o acesso à educação alcançou camadas mais humildes da sociedade.

Com a queda de seu poder, a visão geocêntrica do mundo teve que dar lugar à visão heliocêntrica, e a ciência começou a se livrar das amarras das limitações religiosas que a mantiveram refém por mais de um milênio. O declínio do poder da Igreja Católica ganhou impulso. Mas o fim de sua hegemonia não teria sido possível sem as mudanças fundamentais que ocorreram na época.

A raiz da verdadeira hegemonia europeia

A ascensão da Igreja Católica começou 1.700 anos atrás, quando o herdeiro romano do trono, Constantino, se tornou o governante do Império Romano e o primeiro imperador romano a ser batizado. Foi uma mudança de direção do politeísmo romano para o monoteísmo cristão. Isso permitiu que Constantino enfatizasse sua autoridade por meio de um paralelo: Deus era o único governante no céu, e Constantino, o único imperador romano na terra, abençoado por Deus.

Foi o começo da colaboração entre a Igreja Católica (a única religião reconhecida) e o Estado. Intimamente interconectados, cada um apoiava o poder do outro para alcançar benefícios mútuos. A desigualdade teria sido dada por Deus. A hierarquia social consistia em clero, nobreza, cidadão e agricultor. Cada degrau social tinha seu lugar; cada degrau tinha seus tribunais.

Naqueles dias, as epidemias e as pragas causavam alta mortalidade, e as pessoas, sem perspectivas mundanas, ansiavam pela salvação da vida após a morte. A Igreja era a única a quem podiam recorrer. Mas ao longo do tempo, segmentos da Igreja Católica se degeneraram e, em vez de servir aos crentes, passaram a capitalizar as necessidades deles. A porta do céu tinha um preço até o século XV, quando as coisas começaram a mudar.

Já em 1890, do outro lado do Oceano Atlântico, os Estados Unidos finalmente emergiram como a maior economia do mundo, seguidos por China, Reino Unido e Japão, enquanto a Europa, dividida em países e ducados, não podia competir com o PIB necessário para entrar na lista de Maddison.

O início do mundo centrado no ocidente

Durante os quinhentos anos seguintes, mas especialmente nos últimos cem, nenhuma das culturas globais espargiu uma influência tão abrangente quanto a Europa e mais tarde os Estados Unidos, que, além do lento extermínio dos povos indígenas nativos, foram de início povoados principalmente por imigrantes europeus. Sua influência política, econômica e cultural se espalhou pelo mundo, esmagando as culturas locais na maioria dos continentes. A moda, a música, as práticas comerciais, as invenções e inovações se espalharam do Ocidente para o resto do mundo. Com o tempo, isso levou a uma autopercepção ocidental de superioridade sobre outras partes do mundo. O Ocidente se viu como a autoridade moral para estabelecer padrões globais com base em uma visão de mundo centralizada em si mesmo, julgando o mundo pelos padrões ocidentais.

A queda da autoridade e do poder ocidentais

À medida que viajamos pelo mundo e fazemos nossa pesquisa, vemos que a autoridade global do ocidente não é mais incontestada, a visão de mundo ocidental não é mais aceita como universal. As economias emergentes em todo o mundo estão desenvolvendo seus próprios padrões. Na verdade, o termo "economias emergentes" sobreviveu por mais tempo do que deveria, pois já não serve mais para atualizar a imagem da comunidade global. Dependendo do foco, alguns países, como a China, são tanto desenvolvidos como subdesenvolvidos. O Catar, que tem o maior PIB per capita, ainda é considerado como uma economia emergente.

O conto das duas nações se inicia

Nas primeiras décadas do século XX, a liderança dos Estados Unidos foi se tornando cada vez mais óbvia. No entanto, em 1930, a China, abalada pela desordem social, dividida entre nacionalistas e comunistas e invadida pelos japoneses, ainda era a segunda maior economia, embora seu PIB fosse apenas um terço do dos EUA, quase equiparando-se ao da Alemanha, do Reino Unido e da Índia.

O momento decisivo para a China na reconquista da sua liderança

Em 1980, cinquenta anos e duas guerras mundiais depois, o Japão conquistou o segundo lugar, a Alemanha em terceiro. A China caiu para a décima posição, derrotada pela Índia, em nono lugar. Mas com a reforma e a abertura de Deng Xiaoping, havia chegado a hora de a China subir novamente na hierarquia do PIB.

Em 2015, as projeções do FMI mostravam a China em primeiro lugar no PIB-PPP (paridade do poder de compra). Ser classificada como número um do PIB é apenas uma questão de tempo. A Price Waterhouse Coopers (PWC) vê mudanças ainda mais significativas nas próximas décadas. A PWC estima que, até 2050, a China terá um PIB de US$ 61 trilhões, a Índia recuperará o segundo lugar, com US$ 42 trilhões, superando por pouco os EUA, com US$ 41 trilhões. Parece que os poderes históricos do passado e o suposto recém-chegado no cenário global vão dominar o futuro. Mas a melhor posição na tribuna não está em questão. O Reino do Meio recuperará a glória de maior nação, mas a competição mais importante será pela honra de ser o melhor país para se viver. [Mais informações no site em inglês: http://www.newgeography.com/content/005050-500-years-gdp-a-tale-two-countries]

Embora não possamos prever o futuro, com suas trilhões de possibilidades, desdobramentos imprevisíveis e surpresas

UM NOVO MAPEAMENTO DO MUNDO ▪ 113

extraordinárias, a aposta mais segura é no papel de liderança da China. Se, em um cálculo simples, pegarmos a distribuição aleatória de talentos e a conectarmos ao coeficiente populacional, a China e a Índia, que são os países mais populosos, poderiam atingir as mais altas posições.

Mas os países não se desenvolvem seguindo uma teoria da probabilidade. A maneira mais segura de antecipar o futuro sempre foi, e ainda é, estudar o presente.

De um mundo centrado no ocidente a um mundo multicêntrico

As nações da faixa sul criarão um novo mapa do mundo. Mesmo estando em diferentes estágios de desenvolvimento e crescimento, e muitas delas passando por turbulências econômicas e políticas, elas criarão coletivamente um novo mapa do mundo.

A hegemonia ocidental foi repartida em várias direções. Atenuada por uma perda gradual de poder econômico, sua reivindicação de possuir a fórmula de crescimento global da democracia e do livre mercado não é mais sustentável. As novas dinâmicas estão transformando a comunidade global. O mundo centrado no ocidente está se transfigurando em um mundo multicêntrico, no qual muitos países e, mais importante ainda, "um mundo de cidades" definirão o tom em questões globais. É uma grande abertura para uma mistura de opiniões, diversidade econômica e cultural e, em longo prazo, novos modelos de governo. Os pivôs dessa transformação serão os países e as cidades da faixa sul, que remodelarão nosso mundo nas próximas décadas.

Por que se importar com o passado quando queremos dominar o futuro?

Como escrevemos no Capítulo Um, não começamos nossas vidas como tábulas rasas. A maneira como vemos o mundo e a posição de nosso país depende muito dos ambientes familiares e pessoais em que nos desenvolvemos, e como esses próprios ambientes se desenvolveram ao longo do tempo. E, assim como nosso pensamento é altamente influenciado pela atmosfera de nossa criação, a autopercepção de um país é moldada por seu passado.

As melhorias não se limitam ao Ocidente. Se olharmos para mais de duzentos anos atrás, a desigualdade ocorria principalmente em países onde os aristocratas latifundiários e os plebeus eram divididos em ricos e pobres. A mobilidade social era muito baixa e as condições precárias, frequentemente aceitas como destino dado por Deus. Duzentos anos depois, a lacuna em larga escala estaria entre países desenvolvidos e subdesenvolvidos.

Um novo mapeamento do mundo não tem a ver apenas com economia e política; também com emoções e como lidar com elas. Durante os duzentos anos de supremacia, a autopercepção do ocidente como poder dominante e autoridade moral se fortaleceu. E temos que admitir que ele não apenas alcançou altos PIBs, como também uma alta renda per capita e uma alta qualidade de vida, embora a desigualdade nos países ocidentais tenha se tornado um fardo crescente e um argumento político-partidário. Agora que a posição do ocidente tem sido cada vez mais questionada pelas economias emergentes e colocada em xeque por suas próprias deficiências, ambos os lados, as nações ocidentais e as da faixa sul, precisam se reorganizar em uma nova ordem mundial que está evoluindo.

As estruturas mundiais do passado irão proporcionar um domínio do futuro?

A estrutura de instituições como a Bretton Woods e a ONU (Organização das Nações Unidas) representa em grande parte o poder global de setenta anos atrás. Nem as instituições globais nem os governos ocidentais serão capazes de continuar empunhando a batuta frente a uma orquestra de economias emergentes. Organizações de governança global, fundadas pelo ocidente em benefício próprio, dominam o cenário político desde o fim da Segunda Guerra Mundial. Mas o mundo não é o mesmo de quando a ONU, o FMI e o Banco Mundial foram fundados.

"Eu argumento que, embora essas instituições tenham tido algum sucesso em lidar com os problemas do século XX, elas não foram capazes de se adaptar aos novos desafios globais que enfrentamos hoje", escreve Ian Goldin, ex-vice-presidente do Banco Mundial, em seu livro *Divided Nations, Why Global Governance is Failing and What We Can Do About It.*

A ONU foi criada em 1945 como sucessora da Liga das Nações. Seu objetivo era promover a paz e criar um fórum para negociações amistosas entre os países. No entanto, problemas estruturais na organização, mandatos ampliados, interesses de doadores e baixa rotatividade de funcionários, resultando no envelhecimento rápido de suas habilidades, tornaram difícil lidar com os problemas existentes, quanto mais abordar questões futuras.

A ONU está longe de implementar as palavras da Bíblia escritas na estátua que a União Soviética doou para a sede da organização, em Nova York, em 1959: "Vamos transformar as espadas em arados."

O Banco Mundial, fundado na conferência de Bretton Woods, em 1944, foi originalmente concebido para reconstruir a Europa, mas encontrou sua missão principal em fornecer capital para as economias emergentes. A diretiva do Banco Mundial para aliviar a pobreza frequentemente resultava na demanda por "ajustes estruturais", com cortes do governo, levando a condições frequentemente catastróficas para os países em desenvolvimento.

O principal objetivo do FMI é a estabilidade da taxa de câmbio, embora seus mandatos tenham aumentado para incluir tudo, desde regulamentação financeira até a promoção de ar puro.

Entendendo a governança global no século XXI

A nova ordem mundial está evoluindo e tem implicações pesadas quanto às demandas dos governos globais. Nas próximas décadas, as megatendências individuais levarão a uma mudança sistêmica e integrada e a uma transformação global, política, econômica, social e processual. Consequentemente, a complexidade da crescente interdependência em todos esses processos levou a um advento de novos riscos sistêmicos e expôs as deficiências alarmantes das instituições globais.

Um exemplo dessas deficiências foi a crise financeira de 2008. As instituições globais não conseguiram impedi-la ou responder efetivamente a ela. E, no entanto, o fracasso óbvio não provocou mudanças estruturais. As atuais estruturas das instituições globais não são direcionadas para lidar com múltiplos riscos sistêmicos do século XXI. Embora, por um lado, as instituições globais estejam mais necessitadas do que nunca, sua capacidade de reformar e inovar não se sustenta com a velocidade da inovação e o crescimento dos riscos.

UM NOVO MAPEAMENTO DO MUNDO • 117

De acordo com o FMI e a Organização Mundial do Comércio (OMC), o fluxo global de investimentos estrangeiros aumentou 18 vezes entre 1980 e 2005. O PIB global real cresceu cerca de 32% e as importações e exportações mundiais de mercadorias aumentaram mais de sete vezes. A migração, pouco abordada pelas instituições globais, mobilizou 244 milhões de pessoas de vários países em 2015, o maior número já registrado. A União Europeia recebeu mais de 1,2 milhão de pedidos de asilo de primeira vez em 2015. Apesar do grande número, colocado em perspectiva com a população total da União de quase 510 milhões, certamente era possível uma gestão adequada dos refugiados.

Há muitos boatos sobre a necessidade de adaptar as instituições globais à complexidade, à interconectividade e às interdependências do século XXI. Os riscos sistêmicos globais que afetam as políticas internas passam por cima dos interesses geopolíticos e nacionais e aumentam a necessidade de negociações intergovernamentais.

A rapidez com que mudanças estruturais nas instituições globais podem ser alcançadas está amplamente ligada à aceitação da realidade de novos equilíbrios globais de poder.

Abandonar o passado é pré-requisito para abraçar o futuro

"Tenho que desistir de quem sou para me tornar quem tenho potencial para ser": as palavras de Albert Einstein não perderam sua relevância.

O grau em que nós, como pessoas, dominamos as megatendências está intimamente ligado ao grau em que nos dominamos. Quão capazes somos de abandonar opiniões obsoletas e assumir o desafio de desenvolver novas mentalidades adequadas às condições atuais? O que vale para o indivíduo vale em uma escala maior. Com que frequência ouvimos falar de pessoas e instituições que mantêm hábitos e, mais ainda, direitos acumulados, mesmo que eles prejudiquem o sistema como um todo?

Não mais um guardião dos valores universais

Já não funciona e não mudará a direção geral do Ocidente continuar a celebrar a si mesmo como guardião dos valores e dos direitos universais, defendendo seu status como centro econômico e ético da comunidade global.

Os mercados emergentes do Sul global, subestimados pelo Ocidente há algum tempo, desenvolveram gradualmente sua própria visão de mundo. Com base em sua própria história e cultura, eles estão estabelecendo novos fundamentos, consistentes com suas perspectivas para o futuro, em vez de serem restringidos pelos fardos do passado. Eles descobriram que, em vez de serem dirigidos pelo Ocidente, poderiam apoiar-se mutuamente; que eram capazes de se sustentar. O proclamado "Fim da História" transformou-se em "Mudança no jogo global" para novas alianças econômicas no contexto de mudanças de visões de mundo, novos pesos geopolíticos e novos arranjos econômicos.

Uma nova dinâmica de grupo na comunidade global

À primeira vista, China, África e América Latina têm pouco em comum. O estilo de vida latino-americano descontraído ainda precisa encontrar uma maneira de lidar com a mentalidade de trabalho chinesa muitas vezes ambiciosa. Na África, os povos nativos, cada um com sua própria cultura, vivem em 58 países, dificultando o desenvolvimento de uma área de convergência.

A população chinesa é bastante homogênea, enquanto os vinte países da América Latina são constituídos por uma confluência de origens, que vão da minoria de sul-americanos nativos a imigrantes franceses, espanhóis, portugueses e alemães. Mas tão étnica quanto culturalmente diversas, quão diferentes em suas histórias, China, África e América Latina estão se unindo, trazendo novas dinâmicas à comunidade global. A China é líder em tirar centenas de milhões da pobreza. Os avanços da América Latina na redução da pobreza, apesar de grandes problemas, foram notáveis nos últimos 15 anos.

Um "Relatório de Pobreza da África" feito pelo Banco Mundial mostra o paradoxo de que, embora a pobreza possa ser menor do que o estimado, o número de pessoas que vivem em extrema pobreza aumentou. Uma das razões é a alta taxa de fertilidade. Em média, as mulheres na África Subsaariana dão luz à cinco filhos, enquanto a média global é de 2,5 filhos.

A própria ascensão da China, seu poder econômico, sua política de planejamento estratégico de longo prazo e sua capacidade de implementar reformas criaram uma plataforma para os países da América Latina e da África colaborarem em seus objetivos comuns de crescimento econômico, estabilidade social e progresso. A dinâmica dos compromissos chineses abre muitas possibilidades para o avanço das relações entre as economias emergentes no qual todos saem ganhando. Melhorias no estado de direito devem reforçar suas relações multilaterais e apoiar a passagem para a próxima etapa — do comércio ao investimento.

Como o Conselho do Atlântico relata em 2015, desde o ano 2000, o comércio entre a China e a América Latina cresceu quase 2.000%, apoiado por acordos de livre comércio principalmente entre países como Chile e Peru. O declínio do *boom* das commodities está enfraquecendo esse pilar. A China quer diversificar seus mercados, suas fontes de commodities e seus investimentos.

Os países latino-americanos querem afrouxar seus laços com seus principais parceiros comerciais, os Estados Unidos e a Europa, sem se entregar à China. Em 2016, a China se tornou a segunda maior fonte de importações da América Latina (os Estados Unidos continuam sendo o número um) e o terceiro maior destino de suas exportações. Segundo estatísticas dos Institutos Nacionais de Estatística, Bancos Centrais e FMI, o Brasil se tornou o principal parceiro latino-americano da China, com um fluxo comercial de cerca de US$ 78 bilhões em 2014. Via-se como boas notícias para o Brasil, que lida com a recessão e com escândalos políticos. À escrita deste livro, a China também anunciou sua intenção de aumentar seu investimento na América Latina para US$ 250 bilhões e o fluxo comercial para US$ 500 bilhões até 2016.

Construindo a partir do passado

A crescente influência da China na Ásia e África é frequentemente vista como um desenvolvimento dos séculos XX e XXI, embora a história naval da China remonte aos tempos pré--cristãos. Suas relações com os países asiáticos e africanos ao longo dos séculos são documentadas e ensinadas de maneira precária. No entanto, eles remontam a centenas de anos.

As primeiras relações documentadas entre a África e a China foram estabelecidas no período medieval do século XV, quando

UM NOVO MAPEAMENTO DO MUNDO ▪ 121

Ibn Battuta viajou do Marrocos para a China. Os imperadores chineses gradualmente estenderam seu poder ao mar. Os chineses que viajavam para a África e os indianos e muçulmanos que visitavam a China levaram a um novo horizonte geográfico dos chineses e os ajudaram a desenvolver habilidades técnicas em construção naval e marítima. Durante a dinastia Song, a China estabeleceu um extenso comércio, importando especiarias e aromáticos em troca de matérias-primas.

Embarcações chinesas superaram até os maiores navios portugueses

Poucos ouviram falar dos navios de tesouro da China. No século XV, durante a dinastia Ming, o almirante Zheng He guiou uma frota de setenta navios e uma tripulação de mais de 27 mil marinheiros para a primeira das sete chamadas "viagens ao tesouro". Sua nau capitânia tinha 122 metros de comprimento, nove mastros e 12 velas vermelhas e podia transportar mil homens. Os navios de Zheng superaram em muito até as maiores embarcações portuguesas. Era uma boa combinação com a impressionante aparência do almirante de cerca de dois metros de altura. Não admira que alguns digam que o gigante chegou à América.

E, no entanto, apesar das extraordinárias dimensões do almirante e dos navios, o objetivo das viagens não era conquistar, mas aumentar a esfera de influência da China. A frota de tesouro navegava nos oceanos Pacífico e Índico, chegando até a Arábia e a África Oriental quase um século antes de os portugueses aportarem na Índia, navegando pelo extremo sul da África.

A sétima e última viagem de Zheng o levou ao sudeste da Ásia, à costa indiana, ao golfo Pérsico, ao mar Vermelho e à costa leste da África. Ele morreu em 1433, em Calcutá, e os navios retornaram à China. No início do século XV, a frota era considerada muito cara e foi absurdamente reduzida, até se tornar insignificante.

As relações entre China, Ásia e África não carregam o peso do passado colonialista

Como potência naval, a China estava ciente de sua capacidade para expandir seu território. Mas preferiu não agir. Hoje, os chineses lembram Zheng He como "um enviado de amizade" que, como gostam de enfatizar, ofereceu porcelana e seda em vez de derramamento de sangue, pilhagem e colonialismo. A esse respeito, os chineses adoraram o humor do ex-primeiro-ministro da Malásia Mohammed Mahathir, em uma conferência em Pequim. Alguém na plateia perguntou se ele tinha medo de a China dominar a Malásia. Ele riu e disse: "A Malásia negocia com a China há quase dois mil anos. Eles nunca tentaram nos dominar. Bem, um dia, três navios portugueses apareceram na costa de Malaca, e adivinhem: três meses depois, éramos uma colônia."

Em 2005, a China comemorou o 600º ano da primeira viagem de Zheng He com uma pequena réplica de um navio histórico navegando de Qingdao para portos asiáticos e africanos. Para os chineses, Zheng é um símbolo que garante que a China não deve ser temida.

Buscando um consenso

As conexões e os sentimentos entre a China e o continente africano foram reforçados no século XX pelo apoio da China na luta contra o apartheid quando a África do sul deu os primeiros passos para se afastar do ocidente e buscar novas alianças mais equilibradas.

Tudo isso está bem ancorado nas relações sino-africanas. E, assim como o passado moldou a posição chinesa, os pontos cegos nas lições da história do ocidente levam a imagens equivocadas do passado. A Maine East High School, onde Hillary Clinton estudou nos primeiros anos do ensino médio, prestou provavelmente tão pouca atenção à história marítima da China quanto as escolas de ensino médio na Alemanha e na Áustria. Seu julgamento sobre as atuais "viagens do tesouro" da China para a África está ligado à história do ocidente. Quando Hillary Clinton criticou a China durante sua visita à Zâmbia em 2011, ela pode ter lançado um bumerangue ao dizer: "Vimos que durante os períodos coloniais é fácil entrar, tirar recursos naturais, pagar os líderes e ir embora".

Dambisa Moyo, economista da Zâmbia e autora de *China's Race for Resources and What It Means for the World*, tem uma visão diferente. Em um artigo publicado no *New York Times*, em 29 de junho de 2012, ela afirmou que o investimento da China na África não é uma nova forma de imperialismo, mas a maior esperança da África para o crescimento econômico. No ano de 2015, o comércio China-África cresceu para cerca de US$ 300 bilhões. Isso representa um aumento de quase 30% em relação ao nível de US$ 220 bilhões no ano de 2014. Além disso, o presidente Xi anunciou que a China treinaria duzentos mil técnicos, dando aos países africanos a assistência necessária para melhorar suas ofertas educacionais. Até 2040, cerca de dez milhões de jovens africanos ingressarão no mercado de trabalho todos os anos.

Para administrar o perigo de um rápido crescimento da taxa de desemprego entre os jovens, a África precisa urgentemente impulsionar sua economia. Qualquer investimento, público ou privado, qualquer incentivo para pequenas e médias empresas e microempreendedores contribuirá para a estabilização econômica do continente africano. Especialmente em países com poucos recursos, tais investimentos ajudarão a melhorar o problema persistente da emigração para outras regiões, especialmente a Europa.

O crescimento do número de trabalhadores no mundo será encabeçado pela África

A ONU prevê que a população ativa da África subsaariana (de 15 a 64 anos de idade) passará de 538 milhões em 2015 para mais de 2,5 bilhões em 2050. Isso contrasta fortemente com a Europa. Sua população ativa diminuirá de 492 milhões em 2015 para 405 milhões em 2050, a menos que permita a imigração em massa ou obtenha um aumento acentuado na taxa de natalidade, sendo ambos improváveis.

A China também será duramente atingida pela mudança demográfica; sua população ativa diminuirá de pouco mais de um bilhão para 794 milhões.

Os Estados Unidos estão em situação um pouco melhor. Sua população ativa passará de 213 milhões em 2015 para 234 milhões, ainda diminuindo para uma taxa muito menor do que entre 1960 e 2015.

Os países do BRIC, em geral, experimentaram um forte crescimento em sua população ativa, mas a partir de agora isso

UM NOVO MAPEAMENTO DO MUNDO • 125

diminuirá, enquanto a força de trabalho da Índia continuará crescendo. [Mais informações no site em inglês: http://www. newgeography.com/content/005071-working-age-population-around-world-1960-2050]

Um ganho para ambos os lados

Para modernizar a agricultura africana, a China criará parcerias entre dez institutos agrícolas chineses e dez africanos, uma iniciativa que também funcionará em seu próprio benefício, pois a China tem uma demanda crescente por produtos orgânicos, naturais e saudáveis. Os países africanos podem fornecer alimentos superiores e exclusivos para consumidores chineses cada vez mais ricos. Analisemos o exemplo do café, que conta com cafeterias chiques que oferecem a bebida de origem única com sabores distintos.

Jinghau Lu, diretor da Fundação Centro Sino-Africana de Excelência, acredita que os chineses típicos pensam que as coisas na África são "selvagens, naturais e culturalmente exóticas", o que atrai o consumidor chinês. Ter qualidade e ser exótico, em vez de quantidade e produção em massa, já abre uma das muitas oportunidades para as empresas sino-africanas.

Quando se trata de julgamentos sobre o envolvimento da China na África, o país asiático é frequentemente considerado um bloco homogêneo. Mas, embora tradicionalmente as parcerias africanas com a China tenham sido baseadas em relações entre governos, muitas são assinadas a nível de província. A Fazenda da Amizade Gaza Hubei, por exemplo, foi criada entre as províncias de Hubei e de Gaza, em Moçambique.

Junto a isso, o engajamento de empresas privadas está ganhando velocidade. As empresas chinesas estão se tornando cada vez mais orientadas ao mercado. Elas não aprendem apenas o idioma local, como também estão adaptando seus produtos para atender ao gosto e à demanda locais.

De acordo com uma pesquisa do US Brookings Institute, o investimento chinês está espalhado por nações africanas, de países ricos, como Nigéria e África do Sul, a nações sem recursos, como Etiópia, Quênia e Uganda. E, embora os investimentos ocidentais geralmente evitem países com um estado de direito ruim, a China é indiferente a essa questão. Seu investimento direto está correlacionado com a estabilidade política de um país.

Alavancando a demografia africana

Um bom governo pode colher um grande dividendo demográfico da crescente população da África.

"Politicamente, o modelo de uma democracia liberal está perdendo sua atração", escreveu Bartholomäus Grill, especialista e correspondente africano de longa data em seu livro *Oh Africa*. Em busca de novos modelos, a elite política da África não está olhando para os Estados Unidos, com quem a África tem pouco em comum. Ela está olhando para regimes de economias emergentes que provaram que é possível vencer a pobreza e se tornar parte da economia global. A hegemonia ocidental, suas reivindicações de autoridade moral e política e a aceitação da sua visão universalista estão se desgastando.

"Não é de admirar que o governo norte-americano esteja atacando seu novo concorrente — enquanto a China fez grandes investimentos na África, os Estados Unidos ficaram à margem, observando sua influência no continente desaparecer", escreve Dambia Moyo. E em sua conferência de 2013 no

TED (conferência sobre Tecnologia, Entretenimento e Design realizadas pelo mundo e disponíveis on-line), ela disse: "A China está ganhando espaço entre as pessoas nos mercados emergentes como o sistema a ser seguido, porque elas acreditam cada vez mais que esse é o sistema que promete a melhor e mais rápida melhoria nos padrões de vida".

Sob a luz das informações compartilhadas, a construção da nova sede para os 54 países da União Africana em Addis Abeba, na Etiópia, foi mais do que um presente. A CCTV, estabelecida no Quênia em 2012, está fornecendo uma nova plataforma para os objetivos oficiais da China: "para que os chineses compreendam melhor a África e promovam a amizade entre a China e a África, para que a verdadeira China possa ser apresentada à África e a verdadeira África seja apresentada para o mundo."

Sem querer interpretar além do que essas palavras querem dizer, elas simbolizam a mudança de uma autopercepção fraca para uma de autoconfiança perante a comunidade global.

A nova dinâmica do grupo leva a novas avaliações políticas

A nova autopercepção da China e a sua crescente assertividade no cenário global levam a uma avaliação diferente dos relacionamentos. Ela não se vê mais à mercê das "nações superiores", mas faz suas próprias escolhas.

Em janeiro de 2014, o *The Guardian* citou um artigo do *The World Post*, no qual Yan Xuetong, decano do Instituto de Relações Internacionais Modernas da Universidade de Tsinghua, argumenta que a China está no início de uma nova política externa, um caminho de convergência, não de conflito:

Deng Xiaoping colocou as relações com os Estados Unidos como prioridade número um, sob a máxima de manter um perfil discreto (Tao Guang Yang Hui). Em vários discursos recentes, o presidente Xi começou a articular uma direção estratégica diferente: prosperar através de conquistas (Fen Fa You Wei).

E Yan Xuetong acrescenta outro novo aspecto interessante:

Por mais de vinte anos, a China opera sob uma estrutura de política externa dentro da qual não tem amigos nem inimigos. Com algumas exceções, todos os outros países foram essencialmente tratados da mesma forma, com a manutenção de um ambiente externo mais propício ao desenvolvimento da China como a principal prioridade. Sob o comando de Xi, a China começará a tratar amigos e inimigos de maneira diferente. Para aqueles que estão dispostos a desempenhar um papel construtivo na ascensão do país, ela buscará maneiras de fazer com que o seu desenvolvimento lhes garanta benefícios reais.

CAPÍTULO SEIS

Dominando um novo mundo do trabalho

O que você diz aos jovens quando lhe perguntam qual faculdade cursar? O que você diz às pessoas que se sentem presas em suas profissões? Ou às pessoas que perdem o emprego? Qual é o futuro do trabalho? Será que ainda haverá trabalho para todos?

O futuro será composto por homens e máquinas? Ou as máquinas substituirão os trabalhadores? Talvez você esteja tranquilo, pensando que seu trabalho nunca correrá o risco de ser substituído por uma máquina. Talvez, mas você provavelmente está errado.

Há duzentos anos, a maioria das pessoas trabalhava com agricultura. A automação eliminou quase todos os empregos agrícolas nos países desenvolvidos. Durante décadas, os trabalhadores da indústria foram substituídos gradualmente por robôs industriais que martelam, montam, soldam e cortam. Mas os trabalhadores agrícolas e industriais que foram substituídos não ficaram sem trabalho, pois, ao mesmo tempo, milhões de novos empregos foram criados pela automação. Muitos dos empregos disponíveis para nossos filhos eram inimagináveis para nossos avós. Por que acreditaríamos que esse processo vai parar? Por que duvidaríamos das previsões que indicam que, até o final do século, 70% dos empregos de hoje serão executados por robôs e serão completamente automatizados pela inteligência artificial? E talvez esse número seja até muito pequeno.

Olhar para um futuro distante, que talvez não nos afete, é mais fácil do que olhar uma ou duas décadas adiante, compreendendo que um desdobramento também está afetando nossos empregos, nossas vidas. Leva tempo para absorver isso. Já experimentamos automação dos trabalhos manuais. E, por algum tempo, chegamos a acreditar ou esperar que só os trabalhos braçais seriam substituídos por máquinas. Mas agora ficou claro que a automação entrou na área do conhecimento e está se expandindo para dominar serviços sofisticados.

Nossos filhos mal se lembram da época em que os assistentes de laboratório revelavam fotos a partir dos filmes das câmeras tradicionais. Esse processo foi automatizado e, em seguida, tornou-se praticamente obsoleto, com a invenção da câmera digital. Hoje, não é necessário um técnico para avaliar exames de sangue em um laboratório de análises clínicas, ou um enfermeiro para organizar os remédios dos pacientes em um hospital. Até mesmo os auxiliares em saúde bucal precisam começar a procurar outro emprego, pois as impressoras 3D são capazes de fabricar coroas, pontes, implantes e assim por diante com maior precisão, em menos tempo e com melhor custo-benefício.

É verdade, alguns empregos desaparecerão. No entanto, novos empregos os substituirão. A chave para lucrar com essa megatendência é estar preparado para a transição.

O tempo de se preparar é agora

Os programas de inteligência artificial (IA) e reconhecimento óptico de caracteres progrediram tanto que quase nenhuma profissão permanecerá intocada. Já temos IA em muitas de nossas máquinas, embora não a tenhamos identificado e nomeado como tal. Imagine que você está vagando perdido em uma cidade na China e não sabe como voltar para seu hotel. Isso não é um problema. Você dificilmente vai encontrar um alguém sem um smartphone no qual ele ou ela possa digitar sua pergunta em inglês ou em outros idiomas e obter a tradução para o chinês imediatamente. Não demorará muito para que tradutores profissionais precisem agregar diferenciais ao seu trabalho para mantê-lo.

Ou analisemos um computador do Google que consegue escrever a legenda exata para qualquer imagem escolhida aleatoriamente na web. Fazer a pesquisa para este livro sem a tecnologia de hoje levaria anos. Você quer saber o que o Baxter, o *workbot* "sensível", pode fazer pela sua empresa? As informações de que precisamos estão literalmente disponíveis em um clique. E, melhor do que qualquer texto, um vídeo explica como qualquer trabalhador pode ensinar a esse robô os procedimentos necessários a serem executados.

Quantos dos empregos mais comuns dos EUA estão com seus dias contados?

Já estamos acostumados a aviões navegando em piloto automático durante a maior parte de um voo. Quanto tempo levará até que robôs sejam incorporados aos caminhões? De acordo com a American Trucking Association (uma associação de

132 • DOMINANDO AS MEGATENDÊNCIAS

empresas de transporte de carga), existem quase 3,5 milhões de caminhoneiros nos Estados Unidos. Caso se concretizem as previsões de que até 2050 a maioria dos caminhões conseguirá se conduzir sozinha, os jovens caminhoneiros devem se preparar para procurar uma alternativa. Como muitos dos cerca de dois milhões de funcionários do mercado de ações, os 2,5 milhões de operadores de empilhadeira e 3,5 milhões de caixas de hoje em dia manterão seus empregos?

A grande mão de obra da China trabalha principalmente no setor de serviços e na manufatura, e boa parte está enfrentando o mesmo desafio que seus colegas americanos. Seguindo as palavras de Confúcio: "O sucesso depende da preparação anterior", o momento de se preparar para dominar um novo mundo de trabalho é AGORA.

Vencendo a mortalidade ou causando nossa extinção

É claro que é tão especulativo quanto interessante se arriscar a fazer previsões sobre o próximo passo da IA. Muitos cientistas estão convencidos de que, a longo prazo, estamos preparando o terreno para a superinteligência artificial, a SIA. Já em 1998, Nick Bostrom, do Oxford Future of Humanity Institute, explicou a superinteligência artificial desta maneira:

> Por superinteligência, entendemos um intelecto muito mais inteligente que os melhores cérebros humanos em praticamente todos os campos, incluindo criatividade científica, sabedoria geral e habilidades sociais. Essa definição deixa em aberto como a superinteligência seria implementada: poderia ser um computador digital, um conjunto de

DOMINANDO UM NOVO MUNDO DO TRABALHO • 133

computadores em rede, um tecido cortical cultural, dentre outras coisas. Também deixa em aberto se a superinteligência é consciente e tem experiências subjetivas.

Em várias pesquisas relacionadas à IA, os especialistas foram solicitados a estimar o ano em que poderíamos esperar razoavelmente o lançamento da SIA. A resposta foi que uma SIA com potencial de alterar o mundo poderia chegar em 2060. Não é muito difícil de acreditar nessa previsão, se pensarmos no progresso feito em IA durante o mesmo número de anos que antecederam a realização das pesquisas.

Pode demorar mais do que esperamos, pode vir mais cedo. Mas quão segura será a SIA? Podemos (ou devemos) definir como uma prioridade tornar a SIA segura? Considerando o mundo que temos agora, duvidamos disso. O que está evidente, no entanto, é que, com a sua chegada, empregos serão perdidos para as máquinas. Quais serão eliminados? Que tipos de empregos os substituirão? E como nos preparamos para essa eventualidade e respondemos a ela? São informações que ainda não temos.

O que está por vir

A substituição de advogados eloquentes por robôs não acontecerá amanhã, mas o mesmo não pode ser dito da sua área administrativa. A Boston Consulting e a Bucerius Law School divulgaram um estudo estimando que, no futuro, aproximadamente 50% do trabalho realizado por advogados serão feitos por algoritmos. Digamos que você seja um advogado especializado em lei de insolvência, e alguém questiona se uma determinada empresa insolvente ainda é capaz de operar. Uma tarefa que levaria dias de pesquisa para um ser humano agora pode ser feito por robôs legais em questão de segundos. A IA legal pode pesquisar milhões de documentos, ler textos e comentários jurídicos e formular uma resposta completa e com referências. O programa, desenvolvido pela IBM como uma extensão do Watson, é um sistema em constante aprendizado, que nunca esquece, capaz até de pesquisar arquivos de dados gigantescos. Ele pode, inclusive, fazer tudo isso em diferentes idiomas.

Os algoritmos vão revolucionar as bancas de advocacia. No passado, lidar com o trabalho rotineiro de escritório era tarefa de advogados em início de carreira e assistentes jurídicos. No futuro, o trabalho administrativo será informatizado e automatizado. Os aspectos positivos dessa terceirização são a redução de custos com aconselhamento jurídico, eliminação do erro humano em contratos e outros documentos legais e a tradução da linguagem jurídica para termos que todos entendem.

Na capital financeira da Alemanha, Frankfurt, o escritório de advocacia norte-americano Baker & McKenzie vê a necessidade de se adaptar às novas condições. Como as tarefas rotineiras são terceirizadas para o software, os advogados podem começar a trabalhar com os clientes em uma fase de planejamento, muito antes de os contratos serem feitos e de os problemas aparecerem.

Em Berlim, a startup de tecnologia jurídica Leverton está crescendo rapidamente. A empresa desenvolveu um algoritmo que aprende sozinho e que é capaz de digitalizar centenas de páginas de contratos imobiliários em questão de minutos. Em breve, os escritórios de advocacia serão uma relíquia do passado, com todos os seus livros, documentos legais e arquivos armazenados em um laptop ou na nuvem. Atualmente, a Leverton é especializada em contratos imobiliários, mas a empresa já identificou várias oportunidades de expansão para outros setores.

Outras empresas iniciantes, como a Flightright, a Euclaim e a Fairplane, estão trabalhando em prol de clientes de companhias aéreas insatisfeitos. O algoritmo leva segundos para determinar se o processo judicial será bem-sucedido ou não (*Die Zeit*, 22 de setembro de 2016).

O impacto da tecnologia no setor jurídico provavelmente também afetará muitos outros aspectos da prática jurídica. Mas o uso de algoritmos não se limita ao direito. Seu poder está sendo aproveitado em áreas como medicina, investimentos, metrologia e muitos outros campos.

Dominando o poder secreto dos algoritmos

Cem anos atrás, foi ensinado às pessoas que Deus é onipresente, e você pode acreditar nisso ou não. Agora, os algoritmos são onipresentes, e essa não é uma questão de crença.

"Responsabilizar os algoritmos" foi a manchete do *New York Times* em 8 de março de 2016. Talvez não estejamos cientes disto o tempo todo, mas os algoritmos não só estão ajudando as pessoas em seus próprios processos de tomada de decisão, como também estão sendo usados por empresas e instituições, incluindo governos, para influenciar decisões que impactam nossas vidas. Os algoritmos estão avaliando currículos e pré-selecionando candidatos a empregos; analisando o valor do crédito dos mutuários; avaliando comportamentos para calcular as apólices de planos de saúde e seguros de vida e automóvel; e até prevendo a probabilidade de indivíduos se envolverem em atividades criminosas no futuro.

Kate Crawford, professora visitante do Massachussets Institute of Technology (MIT) e pesquisadora da Microsoft, afirma que "precisamos mais urgentemente observar o devido processo legal à medida que os sistemas algorítmicos influenciam nossas vidas". Frank Pasquale, professor de direito da Universidade de Maryland, adverte: "Uma pequena injúria sua pode acabar em um banco de dados aleatório sem o seu conhecimento".

Quem você culpa quando é demitido por um algoritmo?

Essa questão foi levantada pela revista *WIRED*, em janeiro de 2016. Sim, as pessoas estão considerando seriamente responsabilizar os algoritmos legalmente pelas decisões que eles tomam. A União Europeia estabeleceu novas regras em maio de 2018, que permitem aos seus cidadãos obter uma explicação quanto às decisões automáticas e contestá-las. No entanto, como o regulamento se aplica apenas a decisões que não envolvem julgamento humano (por exemplo, solicitações de crédito on-line e recrutamento eletrônico), ele não alterará muitas situações. Nos Estados Unidos, o Congresso descartou a proposta de "declaração de direitos de privacidade do consumidor" de Obama, elaborada com base nos dados da União Europeia.

Embora nossas vidas pareçam cada vez mais um livro aberto, os algoritmos não revelam seus segredos e, portanto, não podem ser responsabilizados. Se os dados estiverem incorretos ou levarem a suposições errôneas, as vítimas podem não ter recurso legal. Sua única esperança é que suas informações pessoais sejam retificadas, ou que o algoritmo seja corrigido em algum momento.

Não apenas uma mudança — uma revolução

Os robôs estão começando a interagir entre si. Estamos no início de uma nova era na qual *cobots* (robôs colaborativos) se unem a outros *cobots* para concluir uma tarefa. Estamos passando de máquinas guiadas por pessoas para máquinas que guiam máquinas e que são capazes de tirar conclusões sobre o ambiente em que operam. Além de sua velocidade, elas nunca ficam doentes, não tiram férias, exigem aumento ou se desentendem com os colegas de trabalho. Como um ser humano pode competir com isso?

Não é a primeira vez que "o fim do trabalho" foi anunciado. Ao longo dos séculos, tais previsões têm sido feitas repetidamente: quando houve a transição da era agrícola para a industrial, quando as linhas de montagem foram introduzidas, quando os robôs começaram a trabalhar nas linhas de montagem e quando os computadores pessoais tornaram obsoletos muitos cargos administrativos. Passo a passo, cada vez menos trabalhadores conseguiam produzir mais bens. Vários empregos desapareceram à medida que a automação industrial avançou. No entanto, o saldo geral permaneceu positivo. Toda essa mudança estrutural levou a mais empregos criados do que perdidos.

Indústria 4.0: exagero ou esperança?

"Indústria 4.0" é o termo usado para descrever o quarto estágio da revolução industrial (veja a Figura 6-1), que combina automação e robótica com o aumento da capacidade das máquinas de se comunicarem, de modo que a fabricação e a distribuição de produtos possam ocorrer essencialmente com pouca ou nenhuma gestão ou supervisão humana. A Indústria 4.0 é a base da internet das coisas (Internet of Things, ou IoT, no original). Imagine usar seu smartphone para chamar um carro, e ele se dirige, sem motorista, até sua porta, parando para abastecer no caminho. Ou imagine uma geladeira que compre leite quando seu estoque estiver acabando. Esses cenários futuristas são a promessa da IoT.

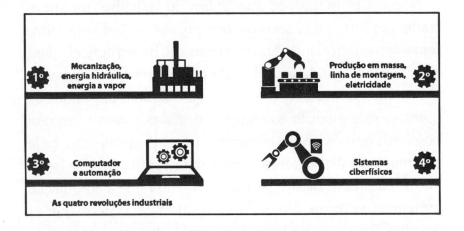

Figura 6.1: Os quatro estágios da revolução industrial

Como em todos os avanços tecnológicos, abordar a Indústria 4.0 com bom senso e no momento oportuno é a base para colher seus benefícios. Provavelmente as pequenas e médias empresas aplicarão o próximo estágio da tecnologia primeiro.

A indústria 4.0 certamente gerou altas expectativas. De acordo com Chris Allen Vein, CIO do Desenvolvimento Global de TIC do Banco Mundial, "a IoT pode ser um divisor de águas nas economias do mundo — acelerando a produtividade, superando as lacunas de infraestrutura e impulsionando a inovação". Mas é um processo que precisará amadurecer para ser implementado.

Na prática, entre os CEOs e lideranças encontramos uma grande incerteza quanto ao que realmente é preciso para implementá-la, seja em termos de investimento, como começar ou onde encontrar os talentos para construir e implementar os sistemas necessários.

Robôs substituindo seus criadores

A mudança fundamental que vivenciamos agora é a transição dos robôs como a ferramenta com a qual os trabalhadores são capazes de aumentar a produtividade para os robôs como trabalhadores em si. E, como já dissemos, eles não são apenas inteligentes, como também não têm necessidades e demandas típicas de funcionários. Se analisarmos as vagas que estão no topo da hierarquia de trabalho, a perspectiva de empregos "seguros" não é melhor. A revolução digital pode atingir aqueles que foram seus inovadores, à medida que mais e mais empregos bem remunerados e que exigem conhecimento são transferidos para uma força de trabalho não-humana e pouco exigente.

A SEW Eurodrive, empresa alemã que é líder mundial em automação baseada em acionamentos inteligentes, prevê sua fábrica do futuro totalmente automatizada. Um dos gerentes da SEW disse, de brincadeira, nos anos 1980, que um dia apenas o porteiro permaneceria e ele seria toda a mão de obra da empresa. Na verdade, a SEW está provando que as perspectivas sombrias para a produção digital estão erradas. Apesar de economizar mão de obra e aumentar a produção em 30%, o número de funcionários permaneceu estável à medida que o número crescente de pedidos compensava isso. O plano futuro da SEW é envolver fornecedores, distribuidores e clientes em seu caminho para uma fábrica totalmente interligada.

Fabricado na China, educado na Alemanha

As empresas chinesas querem se beneficiar do conhecimento alemão. A Siasun, maior fabricante de robôs da China, comprou uma escola profissionalizante alemã de engenharia mecânica, líder do ramo, a Teutloff Training and Welding Education Non Profit Ltd Liability Company. Responsável por um quarto do comércio global, a China, que já é o maior mercado mundial de robôs industriais, enfrenta uma alta demanda por profissionais de robótica e planeja triplicar sua produção anual de autômatos. Para apoiar a meta, foi lançada uma iniciativa nacional de fabricação de ponta, "made in China 2025", que aumentará ainda mais a demanda em nível mundial por pesquisa e desenvolvimento (P&D) de robôs, com equipes e trabalhadores de alta tecnologia à frente. Além de formar parcerias com escolas profissionais, a Siasun pretende abrir de dez a vinte centros de treinamento nacionais nos próximos dois anos.

Assim como a Siasun, a alemã ABB Ltd. e a KUKA Robotics Corporation na China também enfrentam o desafio de oferecer treinamento a clientes que ainda sabem pouco sobre como implementar robôs com eficiência em suas linhas de produção.

Para a China, todo esforço para usar robôs industriais é para equilibrar a crescente escassez de mão de obra, o aumento dos salários e as desvantagens demográficas.

Nada de depender dos louros do passado

A aceleração da mudança, especialmente na tecnologia e por causa dela, fez com que nem empresas nem indivíduos pudes-

DOMINANDO UM NOVO MUNDO DO TRABALHO • 141

sem descansar sobre os louros do passado. A Apple, o Facebook, o Google e outros gigantes de alta tecnologia estão constantemente se preparando para as próximas ondas de inovação e desafios, advindas de empresas menores. As organizações fora da indústria da tecnologia e as pessoas devem seguir esse exemplo.

Compare o Hilton Group com o Airbnb. A primeira é uma instituição que exista há cem anos, avaliada em US$ 23 bilhões — dos quais o grupo chinês HNA comprou uma participação de 25% em outubro de 2016. Já a segunda se tornou "líder mundial em acomodações", avaliada em US$ 30 bilhões no curto período de oito anos. Ninguém e nada estão seguros.

Enormes quantidades de dados convertidas em Inteligência

Veja a Microsoft, por exemplo. A empresa completou 41 anos em 2016, e muitos dizem que hibernou durante o crescimento da popularidade da internet e dos smartphones. Como isso pôde acontecer? Talvez seja um exemplo de como a burocracia também pode alcançar o Vale do Silício. Hoje, esse navio de US$ 85 bilhões está prestes a mudar de direção, pelo menos quando se trata dos planos de seu CEO, Satya Nadella, que quer transformar a empresa. "A inteligência artificial está na interseção de nossas ambições", disse ele na conferência *Ignite* da empresa, alegando que a IA "nos permitirá analisar uma grande quantidade de dados e convertê-los em inteligência".

A Microsoft quer fornecer a plataforma para implementar a Indústria 4.0. A Liebherr, uma empresa alemã de eletrodomésticos, está desenvolvendo uma geladeira que consegue identificar e anunciar os produtos em seu interior por meio de sensores (que, a propósito, foi prevista em muitos livros publicados nos anos 1990). Uma fabricante alemã de máquinas de café deseja usar o reconhecimento facial como forma de programar sua máquina para fazer uma xícara de café perfeita, adequada ao gosto pessoal de cada um.

O antigo objetivo da Microsoft de colocar "um computador em cada casa" foi substituído pela missão de apoiar cada ser humano e organização a alcançar objetivos mais altos, sejam eles quais forem. Como muitos outros concorrentes, a Microsoft está aproveitando o poder da computação em nuvem para se tornar a plataforma central de terceirização de informações e processos digitais das empresas, para que os dados estejam disponíveis on-line, de qualquer lugar, a qualquer momento.

Aproveitando o boom do e-commerce chinês

Para aumentar sua fatia na indústria de computação em nuvem, as empresas americanas Microsoft, Oracle e Salesforce estão competindo não apenas entre si, como também com a SAP, uma empresa alemã de software que, no segundo trimestre de 2016, alcançaria um crescimento de três dígitos nos serviços de computação em nuvem da China pelo terceiro trimestre seguido.

À redação deste livro, a empresa de pesquisa norte-americana Gartner Inc. estimava que a indústria global de computação em nuvem cresça quase 17% em 2016, para US$ 204 bilhões, podendo atingir US$ 312 bilhões nos anos seguintes.

Como proteger a soberania dos dados?

Sem risco, sem glória. Muitas soluções de computação em nuvem permitem que as empresas terceirizem o gerenciamento de TI, o que geralmente é oneroso para empresas de pequeno e médio porte. No entanto, além dos muitos benefícios, a computação em nuvem traz novos riscos e desperta novas preocupações.

Muitas organizações temem que o armazenamento externo de dados as torne mais vulneráveis à perda, ao acesso não autorizado, ao sequestro de contas, aos ataques cibernéticos, à intrusão do governo, à responsabilidade legal e ao comportamento irresponsável ou mesmo vingativo. Todavia, outros profissionais do setor apontam que o risco é, na verdade, reduzido quando os dados são armazenados remotamente em servidores gerenciados por profissionais de TI com experiência em segurança de dados, que podem dedicar mais atenção, perícia e recursos para manter a segurança. Na verdade, de acordo com o Relatório Global de Segurança de Dados em Nuvem da Cypher Cloud em 2016, "64% das organizações identificam a conformidade regulamentar — os padrões de segurança da informação — como a principal razão para manter os dados na nuvem".

Enquanto as empresas discutem se o melhor armazenamento de dados é feito em dispositivos físicos ou na nuvem, uma coisa está evidente: a segurança dos dados continuará sendo uma questão significativa por muito tempo. A segurança das informações, seja para armazená-las ou movimentá-las, é necessária para estabelecer a confiança em um mundo digital sem fronteiras. Além disso, é fundamental para proteger os ativos e a soberania digitais em um mundo onde a tecnologia de computadores se torna uma parte cada vez mais importante dos negócios e da vida das pessoas.

Democratizar o conhecimento em vez de criar uma nova ferramenta para a elite

Nas últimas décadas, a tecnologia passou da internet, dos smartphones, do e-commerce e das mídias sociais para todos os setores, participando da produção em indústrias, como agricultura, educação e saúde, com a criação de máquinas e softwares que têm a capacidade de aprender. A IA será central em tudo o que fizermos, com o potencial de empoderar pessoas e organizações.

Já observamos vários aplicativos com IA que fornecem um assistente pessoal ao consumidor, mantendo-o informado, entretido e até lhe oferecendo conselhos sábios. A Amazon foi uma das primeiras empresas a oferecer IA aos consumidores: a Alexa permite que seus usuários façam perguntas sobre pessoas, localizações, datas, músicas e esportes, além de obter dados meteorológicos, procurar receitas e reproduzir músicas selecionadas da sua biblioteca de áudio.

O Google respondeu ao desafio com sua própria proposta, o assistente Google Home. A Microsoft tem a Cortana, uma assistente virtual inteligente com a qual "é possível interagir por meio de texto e fala, e que conhece profundamente o usuário. Seu contexto, sua família, seu trabalho. Ela conhece o mundo". Ela pode controlar os aplicativos do seu celular e do seu computador e responder a perguntas simples como "Preciso de um guarda-chuva?" e "Como faço uma panqueca?". Pode até gerenciar seu calendário, buscar informações, dar orientações para chegar até um destino, rastrear encomendas e voos e jogar conversa fora quando o usuário estiver entediado.

As promessas são grandiosas, com a IA servindo como facilitadora na democratização do conhecimento, em vez de criar uma ferramenta somente para a elite. A nuvem mais inteligente do mundo deve oferecer ferramentas padronizadas para estruturar enormes quantidades de dados e disponibilizar tudo. Ela adaptará instantaneamente os dados às reais necessidades dos clientes. Reduzirá as despesas das empresas com hardware, software e com a equipe de TI. Conectará tudo a tudo, computadores, dispositivos móveis e a internet das coisas.

Atualmente, as empresas norte-americanas estão liderando os esforços quanto à IA, ocupando 32 vagas no Ranking das Empresas Mais Inteligentes do MIT, mas a China em breve marcará sua presença. [O país conta agora com seu próprio MIT 50 Smartest Companies (TR50-China)]

Não tem jogo sem a China

Com aproximadamente 850 milhões de pessoas (60,7% da sua população) usando a internet, o mercado web chinês é o maior do mundo, segundo dados do World Stats (2020 Q1). A Índia, em segundo lugar no ranking, conta com aproximadamente 560 milhões de usuários de internet (quase 50% da população) e os EUA, em terceiro lugar, com quase 314 milhões (95,7% da população).

E enquanto o mercado dos Estados Unidos está quase saturado, a China tem potencial para crescer rápida e profusamente. Não é de admirar que as empresas de internet do país estejam expandindo. E seu setor de internet não se limita ao seu próprio território. Sua IA compete ombro a ombro com as gigantes da tecnologia global, incluindo a Microsoft, a Alphabet (controladora do Google) e a IBM. O capital de risco, que já foi bastante raro na China, agora está sendo investido em startups de IA. Há uma competição acirrada por talentos que criem computadores com a capacidade de replicar funções cognitivas humanas, como reconhecer imagens e fala.

Kai-Fu Lee, fundador e CEO de um dos fundos de risco mais agressivos, o Sinovation Ventures, arrecadou US$ 674 milhões para investir em startups nas áreas de inteligência artificial, construção de software corporativo e criação de conteúdo de entretenimento.

A análise de tecnologia do MIT listou a Baidu, empresa chinesa de serviços web, como a segunda na lista das 50 empresas mais inteligentes em 2016, superada apenas pela Amazon. Embora apenas outras quatro empresas chinesas — Huawei (10), Tencent (20), Didi Chuxing (21) e Ali Baba (24) — terem entrado no ranking do MIT, a China está acelerando seus esforços para se tornar uma líder nessa área. A Baidu foi especialmente elogiada por seu sistema de reconhecimento de fala, que às vezes consegue processar as palavras com mais precisão do que as próprias pessoas são capazes de fazê-lo. Em uma competição com a Universidade de Stanford, o software de reconhecimento de fala da Baidu teve um desempenho três vezes mais rápido do que as pessoas que digitavam nos smartphones. Inclusive, o cientista-chefe da Baidu, Andrew Ng, é um professor adjunto da Universidade de Stanford, que ingressou na Baidu por causa do intenso e precoce enfoque da empresa em IA [Mais informações no site em inglês: http://www.wsj.com/articles/china-gears-up-in-artificial -intelligence-race-1472054254].

Na China, deixamos de usar táxis ou limusines caríssimas para chamar o serviço de automóveis Didi Chuxing. Esses carros conseguem fazer o mesmo trabalho das limusines e são pontuais e baratos. Didi, a empresa dominante no setor de

DOMINANDO UM NOVO MUNDO DO TRABALHO • 147

mobilidade, já comprou a divisão chinesa da Uber, fechando parcerias com líderes internacionais de corridas para entrar em outros mercados e encerrar uma feroz guerra de preços.

O fundador da Didi, Cheng Wei, acredita que a primeira metade da corrida da internet, na qual as empresas competiram para conectar computadores com pessoas, já terminou: "A segunda metade está ligada à inteligência artificial".

As implicações da revolução digital para as lideranças

Os líderes e os gestores precisam dominar essa convergência de forças. As economias emergentes estão criando novos mercados e demandas. Há uma tremenda mudança no poder geopolítico, que se manifesta no mundo dos negócios. O ritmo da inovação está acelerando exponencialmente. Novas tecnologias romperam indústrias estabelecidas e criaram novas. Vemos a necessidade de gerenciar riscos, complexidades, diversidade e incertezas combinada à pressão constante para ter sucesso. Isso estabelece expectativas altíssimas em relação às habilidades de gestão e liderança.

Stephen Rhinesmith é um consultor de grandes empresas listadas na Fortune 500 que atravessa o Oceano Atlântico várias vezes por mês (sim, por mês), aconselhando e treinando multinacionais nos pontos que elas têm maiores dificuldades para se preparar para os desafios futuros. Na sua experiência, Rhinesmith aponta que o verdadeiro trabalho da liderança não se limita a lidar com novas tecnologias, como robótica e digitalização, mas é também a incapacidade de muitos líderes em antecipar mudanças exponenciais:

> Há uma mudança fundamental em relação ao passado que os líderes não estão reconhecendo: o fato

crucial de que os avanços tecnológicos que vemos hoje não progredirão de maneira igual à dos últimos quinze ou vinte anos. Hoje, os líderes enfrentam um duplo desafio: reconhecer a possibilidade de mudança em seus negócios e entender que essa mudança ocorrerá muito mais rapidamente do que eles pensam. Os líderes mais capacitados estão identificando suas vulnerabilidades a partir das transformações da indústria e, em seguida, preparando planos de contingência para reinventar suas empresas.

Stephen Rhinesmith sugere que uma das responsabilidades dos líderes, em todos os níveis das organizações e setores, é fazer uma análise anual, ou mesmo trimestral, do seu processo de planejamento estratégico. Isso é essencial para antecipar as áreas em que a tecnologia pode prejudicar sua função, seu relacionamento com os clientes, sua competitividade ou seu modelo de negócios.

O consultor, que também escreve sobre globalização e liderança global há mais de trinta anos, está convencido de que hoje existem apenas dois tipos de empresas, "as que sabem que foram hackeadas e as que não sabem". Ele acredita que o mesmo se aplica à mudança e à transformação exponenciais: "Existem dois tipos de líderes: os que já foram despertados e aqueles que serão. Como líder, não há onde se esconder ao enfrentar um futuro volátil, incerto, complexo e ambíguo".

Hoje, os líderes não estão apenas lidando com a articulação e a manutenção de visões de longo prazo para suas empresas, como também devem tratar as preocupações e os problemas práticos imediatos. Além disso, os CEOs têm se tornado figuras públicas, observados pela mídia, enfrentando escrutínio constante.

Não é de admirar que Dan Vasella, quando era presidente da Novartis, disse em uma entrevista à McKinsey:

> Todo CEO precisa de alguém que possa ouvi-lo, com quem possa falar com total segurança. Para quem possa dizer: "Não aguento mais. Estou prestes a pedir demissão." Ou: "Quero dar um soco naquele cara." Você precisa de alguém que o entenda e que possa ajudá-lo a encontrar o equilíbrio. Os líderes muitas vezes esquecem a importância de relacionamentos emocionais estáveis — principalmente fora da empresa.

Rhinesmith, que também foi coach pessoal de CEOs de empresas listadas na Fortune 500, acredita que, para superar os desafios:

> Os CEOs devem ser capazes de separar a vida pública da privada. O escrutínio constante e a superexposição cobram um preço alto. Encare as críticas ao seu trabalho como elas são: julgamentos a um símbolo da empresa e não a quem você é como pessoa.

O aprendizado corporativo não é mais uma opção, mas uma necessidade estratégica

Stephan Sachse, CEO da Datenlotsen — que se tornou um dos principais fornecedores de soluções de educação digital da Europa —, acredita que, sem os programas de aprendizado corporativo estruturados, as empresas não conseguirão enfrentar os desafios crescentes. Assim como Stephen Rhinesmith, Sachse está convencido de que "a agilidade de uma empresa e sua capacidade de identificar e se adaptar às mudanças é o fator decisivo para sua competitividade". Ele continua:

> Os prazos para os processos de tomada de decisão e para a implementação de medidas estão ficando mais curtos. Os atores corporativos precisam de treinamento para agir com rapidez e organizar o aprendizado com base em um conhecimento que pode ser rapidamente distribuído. O aprendizado não é mais uma opção, é uma necessidade estratégica. Quanto mais internacional for a localização, os funcionários e os mercados de uma empresa, mais importante será oferecer programas de aprendizado corporativo coordenados ao redor do mundo para evitar redundâncias nos projetos, no desenvolvimento e na disponibilidade.
>
> Além disso, o aumento da concorrência global força as empresas a otimizarem os custos. O aprendizado corporativo permite integrar o aprendizado aos processos de trabalho, substituindo um treinamento rígido e demorado que exige a presença das pessoas. Assim, os custos do treinamento profissional clássico podem ser cortados drasticamente.
>
> Essas pequenas porções de treinamento estão oferecendo módulos de aprendizado independentes de tempo e local, que não se limitam à mão de obra de uma empresa, mas podem incluir clientes, distribuidores e potenciais novos funcionários. O

gerenciamento de riscos e a governança corporativa estão contribuindo para documentar o sucesso individual da aprendizagem, tornando-o um pilar importante dos recursos humanos.

Os motivadores desse desenvolvimento são a tecnologia, a demanda e a demografia. Os especialistas estimam que em 2011 foram gastos cerca de US$ 210 bilhões em aprendizado corporativo e 20% em treinamentos e-learning. Os analistas da Californian Global Industry, uma fonte mundial de estratégia de negócios e inteligência de mercado, e o Banco de Investimentos IBIS Capital, baseado em Londres, estimam que o mercado de e-learnings corporativos cresça 13% em média por ano, tornando-o um dos segmentos de maior crescimento no próspero mercado da educação.

A educação on-line está influenciando todas as etapas da cadeia de valor agregado no aprendizado corporativo, com grande impacto na cultura educacional. Ela apoia o aprendizado intrínseco e auto-organizado, transferindo a responsabilidade do treinamento profissional do empregador para o empregado. Os líderes só poderão criar empresas nesse estilo de aprendizado — com uma cultura de troca de conhecimentos entre todas as hierarquias — se estiverem implementando as tecnologias disponíveis.

O futuro não será na base de uma educação gratuita em massa, mas da personalização e da individualização da educação para toda a vida. É uma promessa para as escolas de elite e para as empresas, que estão se beneficiando disso. As soluções tecnologicamente integradas permitem resolver a lacuna entre a educação acadêmica e a corporativa. A questão crítica será o quão abertos os líderes e as empresas estão para se adaptar à velocidade e às alterações no aprendizado corporativo.

A internet do futuro: criptografia e teletransporte

Nos anos 1980, um tema começou a surgir na mídia: como a tecnologia de computadores mudaria o ambiente de trabalho. Quando nós, os autores deste livro, nos conhecemos em 1994, os computadores pessoais já existiam há algum tempo, mas seu uso era limitado, e as pessoas ainda estavam começando a usá-los para se comunicar por e-mail, pelo menos na pequena e despreocupada Áustria. Apesar do ritmo mais lento do país, os livros sobre a aceleração da mudança estavam na moda. Ainda estamos aguardando o aparecimento de alguns dos cenários futuristas descritos: pessoas voando em pequenos helicópteros, casas auto-organizadas e robôs humanizados. Os carros autônomos começaram a aparecer, mas, de acordo com as notícias, os desenvolvedores ainda têm alguns *bugs* para resolver. Ainda pagávamos muito dinheiro para os pesquisadores que iam às bibliotecas e estudavam material disponível apenas em papel. Usávamos o fax para enviar e receber cartas e ainda estávamos orgulhosos de ter um telefone celular. Uma das citações de *High Tech High Touch — Tecnologia e a nossa busca por significado*, de 1999, "Um dia, todas as ligações serão gratuitas", mesmo anos depois ainda estava longe de ser uma realidade.

Mas, embora a fantasia dos autores frequentemente ousasse ir longe demais, foram realizados seminários para nos familia-

DOMINANDO UM NOVO MUNDO DO TRABALHO • 153

rizarmos com a internet. Segundo o internetworldstats.com, em dezembro de 1996, apenas 0,4% da população mundial (16 milhões de pessoas) usavam a internet. E, apesar do *Megatendências*, de 1982, ter dado muita atenção à transformação da Era da Informação, não estávamos entre essas pessoas.

Em dezembro de 2000, esse número havia atingido 361 milhões e, em dezembro de 2005, com 15% da população on-line, havia superado a marca de um bilhão. O Google, fundada em 1998, havia estreado e estava lentamente entrando nas casas. Em 2006, quando escrevemos *O líder do futuro*, nossa pesquisadora norte-americana havia perdido o emprego para os inigualáveis dispositivos de busca, embora ainda fossem relativamente insipientes.

A internet mudou a maneira como trabalhamos e nos comunicamos, além de ser responsável por uma parcela significativa do PIB global e de ter se tornado um catalisador para a criação de empregos. Empresas de internet, tanto as pequenas quanto as de empresários individuais, tornaram-se pilares da crescente classe média nos países africanos.

Sem a troca tranquila de dados, a maior parte do nosso sistema global simplesmente quebraria. A segurança, não apenas no que diz respeito ao funcionamento ininterrupto, como também na transmissão de dados, tornou-se essencial. Uma das principais preocupações das empresas em relação ao setor 4.0 é a segurança cibernética ao trabalhar com fornecedores terceirizados e ao integrar dados de fontes diferentes para ativar aplicativos.

Pode parecer um exagero a convicção de Stephen Rhinesmith de que existem apenas dois tipos de empresas hoje — "aquelas que sabem que foram hackeadas e as que não sabem" —, mas esta é a realidade de hoje. Em todas as esferas da vida, nos negócios, na política e nas forças armadas, os arsenais cibernéticos do mundo estão crescendo. E ainda estamos nos estágios iniciais de desenvolvimento.

Dominando o Big Data

Em 2011, Eric Schmidt, que à época do lançamento deste livro atuava como presidente executivo do Google, estimou que, a cada 48 horas, as pessoas trocavam cinco bilhões de gigabytes de informação (um gigabyte equivale a um bilhão de bits). Em dois dias, diz Schmidt, tem-se a quantidade de dados que foram trocados desde o primeiro dia de comunicação humana até o ano de 2003. Quantidades inimagináveis.

Onde quer que cientistas estejam trabalhando neste planeta, a quantidade de dados aumenta drasticamente. O quão grande é o "big data" foi exemplificado no jornal semanal alemão *Die Zeit* (6 de outubro de 2016):

- O CERN é a Organização Europeia de Pesquisa Nuclear, um dos maiores e mais respeitados centros de pesquisa científica do mundo. Um de seus maiores sucessos foi a prova da partícula elementar Bóson de Higgs. Para atingir esse objetivo, os cientistas da CERN tiveram que analisar cinquenta milhões de gigabytes. Se essa quantidade de dados fosse um filme típico na Netflix, seriam necessários 5.707 anos para baixá-lo.

- O Projeto Cérebro Humano é uma iniciativa europeia composta por 23 países. Seu objetivo é coletar todos os dados disponíveis sobre o cérebro e recriar a atividade cerebral em modelos de computador. Para conseguir isso,

DOMINANDO UM NOVO MUNDO DO TRABALHO • 155

apenas no ano de 2016, foram coletados 699 mil gigabytes de dados. Se fosse impressa, essa quantidade de dados criaria uma pilha de papel com 34.950 km de altura.

- Foram necessários dois Observatórios a Laser Avançados (aLigi), em Washington e na Louisiana, coletando dados por 14 anos para detectar a presença de ondas gravitacionais, armazenando quinhentos mil gigabytes de dados. Com essa quantidade, é possível encher 250 mil contas no Dropbox, cada uma com capacidade de armazenamento de dois gigabytes.

- São necessários relativamente poucos dados — 8.300 gigabytes por mês — para avaliar as vibrações no solo que precedem terremotos. A mesma quantidade de dados permitiria baixar o filme *Feitiço do Tempo* 4.882 vezes.

Os dados vão interferir e melhorar todas as esferas da vida. Já em 2006, engenheiros de Estocolmo, na Suécia, começaram a direcionar o tráfego por meio de big data. Em três anos, eles conseguiram reduzir o tempo médio de trânsito pela metade e as emissões de dióxido de carbono em quase um quinto.

Na cidade de Darmstadt, na Alemanha, milhares de detectores estão verificando a frequência com que os pedestres apertam os botões dos semáforos e com que os ônibus enviam sinais para seus semáforos específicos. Os circuitos de indução estão medindo a velocidade, e 180 câmeras nos semáforos estão monitorando os veículos (sem tirar fotos ou armazenar números de placas). Todos os dados coletados permitem que a cidade atualize a situação do tráfego a cada 300 milissegundos. O objetivo é informar aos motoristas qual velocidade lhes permitiria pegar todos os sinais verdes.

O sangue é um grande portador de dados, e pode ser usado na área da saúde, pelo menos de acordo com a promessa da biópsia líquida. Isso permitiria que os médicos localizassem qualquer tumor em um corpo por meio de uma pequena amostra, evitando os riscos da coleta de algum tecido. Um software especial compara partes de DNA de uma pessoa com o de outros indivíduos saudáveis e identifica mudanças patológicas.

Franco Moretti é professor de literatura na Califórnia e lidera um programa de pesquisa no qual um software analisa 15 mil romances publicados entre 1700 e 1900, todos ambientados em Londres. Um certo número de palavras relacionadas aos parques, praças, ruas e pontes de Londres permite tirar conclusões sobre o efeito emocional que cada lugar costumava ter sobre as pessoas. Não foi surpresa que a Torre de Londres, por muito tempo, tenha despertado sentimentos de medo. Embora fosse possível concluir isso sem dado algum, argumenta Moretti, não saberíamos que a representação de Londres permaneceu a mesma depois de 1800, mesmo que a realidade social tivesse mudado.

Uma aplicação de big data que ajudaria a maioria das pessoas seria um "tradutor a qualquer hora em qualquer lugar". Atualmente, o Google Tradutor e outros serviços geram traduções que fornecem pelo menos uma compreensão básica de palavras ou frases. A análise de bilhões de dados de áudio da web, em vários idiomas, constitui a base da elaboração dos tradutores automáticos. E, dentro de alguns anos, eles devem conseguir executar traduções simultâneas, funcionando como um intérprete, em tarefas diárias.

É possível prever onde o próximo crime ocorrerá? O policiamento preditivo é um passo nessa direção, independentemente da sua opinião sobre o assunto. Os bancos de dados armazenam detalhes de milhões de crimes anteriores e identificam padrões que sinalizam a probabilidade de um certo crime ser cometido em um determinado local. Esse é um processo muito semelhante ao que os geólogos empregam para prever terremotos e tremores secundários. Assim como os tremores de terra têm uma grande chance de serem seguidos de abalos secundários, ladrões que foram bem-sucedidos em um local provavelmente atacarão naquela área novamente em breve. Usando o policiamento preditivo, os policiais podem sinalizar as regiões em perigo e optar por monitorá-las mais de perto (*Die Zeit*, 5 de outubro de 2016).

Big data como o iluminismo do século XXI?

O big data traz enormes oportunidades de melhorar a vida cotidiana e o trabalho. Mas, além do risco geral de usar dados incorretamente, há controvérsias. Marcar um distrito como uma cena de crime frequente levará à caracterização racial de suspeitos? Essa marcação pode desencadear uma queda nos preços dos imóveis e desencorajar a localização de empresas em determinadas áreas? Qual será o impacto da tradução automática na enriquecedora experiência cultural que é aprender línguas estrangeiras? Será que os dados da análise de sangue aumentarão as mensalidades dos planos de saúde ou tornarão as pessoas menos atraentes tanto para os empregadores quanto para possíveis parceiros românticos?

No poema "O aprendiz de feiticeiro", de Goethe, a vassoura passa de uma bênção para uma maldição. Mas, embora o aprendiz tivesse um mestre a quem pedir ajuda, nós só temos a nós mesmos.

De bits a qubits

Os limites não estão à vista, nem na quantidade nem na qualidade dos dados que trocamos. E, com o próximo passo em direção à segurança no armazenamento e na troca de dados, é possível que os problemas de segurança desapareçam ou, pelo menos, se tornem significativamente menos preocupantes.

Se nos aventurarmos trinta a quarenta anos à frente, a menor unidade de armazenamento de dados de que falamos provavelmente será o qubit. Assim como um bit, que pode ter um valor de 1 ou 0, e ser interpretado como verdadeiro ou falso, sim ou não, e assim por diante, um qubit (ou qbit) pode ter um valor de 1 ou 0. No entanto, pode também possuir um valor que representa a sobreposição de 1 e 0. Sendo assim, um qubit pode armazenar o dobro de dados de um bit. A internet do futuro será baseada em fenômenos quânticos, com o qubit como base, substituindo nossa tecnologia atual.

O homem com capacidade científica para olhar tão longe no tocante ao futuro da internet é Anton Zeilinger, físico quântico austríaco pioneiro em seu campo. Ele chamou a atenção mundial em setembro de 2012, quando uma equipe internacional liderada por ele conduziu com sucesso um teletransporte quântico por uma distância recorde de 143 km, batendo o recorde chinês de 97 km, alcançado apenas alguns meses antes (o teletransporte quântico envolve a transmissão de dados quânticos, tais como o estado de um fóton, de um local para outro). O experimento apresentou Anton Zeilinger como "Sr. Feixe". Muito mais importante é o estabelecimento de uma base para uma nova rede global, na qual efeitos da mecânica quântica possibilitam a troca segura de mensagens. [Mais informações no site em inglês: http://medienportal.uni-

vie.ac.at/presse/aktuelle-pressemeldungen/detailansicht/
artikel/quantum-physics-at-a-distance/]

A tecnologia quântica tem capacidade para inaugurar uma nova era na comunicação. Ela terá uma criptografia 100% à prova de adulteração, impossibilitando vazamentos de dados, ataques de hackers, espionagem de bancos e outros crimes cibernéticos.

Nesse campo ferozmente contestado, empresas como Google e IBM, agências estatais como a NASA e a NSA e países inteiros estão gastando bilhões para obter supremacia. E, pela primeira vez, nem os Estados Unidos nem a Rússia estão na vanguarda, mas sim a China. Após lançar no espaço, de forma pioneira, um satélite quântico à prova de hackers, a China está liderando o mundo no estabelecimento de linhas de comunicação baseadas em qubit. O pequeno satélite, nomeado em homenagem ao antigo filósofo chinês Micius, foi lançado a partir do Centro de Lançamento de Satélites Jiuquan, no deserto de Gobi, na Mongólia Interior, à 1h40 da manhã de 16 de agosto de 2016.

Com o lançamento bem-sucedido do satélite Micius, pesando 600 kg, a China não só capturou a atenção global, como também demonstrou que não mais segue os passos de outros, e agora avança e está um passo à frente. O projeto foi iniciado em 2008, no Instituto de Física Técnica de Xangai, pelo físico quântico Pan Jianwei, que foi aluno de doutorado do Prof. Dr. Anton Zeilinger, na Universidade de Viena, e do engenheiro espacial Wang Jianyui, ambos sonhavam em encontrar um portal para "um universo totalmente novo." Em uma reportagem de 16 de agosto de 2016, o jornal *South China Morning Post* anunciou o feito inovador:

160 • DOMINANDO AS MEGATENDÊNCIAS

Um universo diferente do de Einstein. "Onde um gato pode estar vivo e morto ao mesmo tempo, onde bits (e, na verdade, qubits) de informações podem ser teletransportados de uma galáxia para outra mais rapidamente que a velocidade da luz, a internet não pode ser hackeada e onde uma calculadora pode funcionar mais velozmente do que todos os supercomputadores do mundo juntos.

A Europa perdeu a chance de sair na frente

Foi a equipe vienense de Anton Zeilinger que deu os primeiros passos nessa direção quando ele e seu grupo descobriram a codificação superdensa há vinte anos. Em 1998, eles foram os primeiros a implementar a criptografia quântica com fótons emaranhados.

A equipe austríaca de cientistas da Universidade de Viena e a Academia Austríaca de Ciências estão contribuindo com o fornecimento de terminais receptores. Os próximos experimentos são o último teste para uma aplicação prática de uma rede global de comunicação quântica.

É um passo significativo na intenção da China de mostrar ao mundo que pode liderar os desenvolvimentos tecnológicos. Além disso, a China transferirá os resultados da pesquisa para o seu exército popular, o que melhorará significativamente suas capacidades assimétricas — sua capacidade de travar guerras bem-sucedidas contra oponentes cuja força e estratégia relativas diferem significativamente das suas. Se a China puder assumir a liderança no espaço virtual e cósmico, conseguirá paralisar o inimigo antes que ele tenha a chance de atacar.

Como disse Anton Zeilinger, esse é um campo no qual a China não depende realmente de tal cooperação. A *guanxi* (rede de relacionamentos em nível empresarial, econômico, político e social que tem como base a reciprocidade e a troca de favores entre as partes; a base das redes de relacionamento da sociedade chinesa) e o contato pessoal de Anton Zeilinger e seu ex-aluno Pan Jianwei resultaram no trabalho em equipe sinoaustríaco no projeto do satélite. E, independentemente da opinião do Ocidente, o projeto demonstra, mais uma vez, a eficiência do regime chinês. Conforme declarado no *Die Zeit* (de 29/9/2016), em um artigo intitulado "The Beijing Connection" ("Conexão Pequim"):

> O governo chinês não conhece longos debates, investigações preliminares e usinas burocráticas. Tudo o que considerar importante e correto será impulsionado com todo o poder.

O problema estrutural europeu

O problema da União Europeia não é uma suposta falta de capacidade intelectual, mas os obstáculos estruturais que ela criou. Quando Zeilinger sugeriu um projeto de satélite para a Agência Espacial Europeia (ESA), há quinze anos, eles demonstraram algum interesse, mas não tomaram nenhuma decisão. Este é, como Zeilinger apontou, "o problema estrutural europeu. Não é que alguém tenha sido contra, mas demorou demais. A Europa perdeu a chance de ser a primeira". Tempo é um luxo com o qual a pesquisa científica não pode arcar.

Blockchains e bitcoins: a revolução bancária e a economia mundial?

Felizmente, as ideias ainda são domínio dos seres humanos. Todos temos ideias e, provavelmente, sabemos a diferença entre ter uma ideia e transformá-la em realidade. Na maioria dos casos, o obstáculo entre uma ideia e sua implementação é o dinheiro. E os lugares para consegui-los costumavam ser os bancos ou os governos.

A história do setor bancário remonta ao século VI a.C. e ao rastro das primeiras ordens de pagamento na Babilônia e, mais tarde, no século IV a.C., aos gregos. Os trapezistas gregos lidavam com transações de pagamento e aceitavam dinheiro consignado. O Palmstruch Bank, da Suécia, foi o primeiro a chegar perto de um banco central no século XVII.

Foi durante a Revolução Industrial que os bancos passaram a assumir, cada vez mais, o papel de mediadores entre as pessoas e a economia. Os ativos privados não eram mais inutilmente armazenados em casa, mas investidos para possibilitar que os empreendedores transformassem suas ideias em realidade.

De pessoas a algoritmos

Aqueles que já viveram um pouco mais se lembram dos velhos tempos do setor bancário, quando a base para conseguir ou não um empréstimo eram as conexões e os julgamentos pessoais, o conhecimento das condições locais e, às vezes, muita confiança e coragem. Isso mudou drasticamente.

Conversando com empresários, a opinião generalizada é de que apenas aqueles que não precisam do dinheiro o recebem. Em outras palavras, você precisa ter dinheiro ou ativos significativos que possa converter relativamente rápido em dinheiro, para se qualificar para um empréstimo. Desde a implementação de Basileia III e IV (uma estrutura regulatória global e voluntária sobre adequação de capital bancário, teste de estresse e risco de liquidez de mercado), uma tempestade de novas regulamentações, em vez de tornar os serviços financeiros mais seguros ou melhores, criou obstáculos quase impossíveis de superar até com as melhores ideias. Hoje, as avaliações de crédito não são mais baseadas no julgamento do seu gerente de banco, mas controladas por algoritmos.

Agora o mundo financeiro está em uma encruzilhada; dependendo de como abordar o problema, o caminho levará a uma séria ruptura ou a uma transição. A blockchain, base da tecnologia que sustenta a moeda criptográfica bitcoin, tem o potencial de revolucionar o setor de serviços financeiros — a forma como empresta dinheiro, como o armazena, como o negocia e como o rastreia. E o bitcoin tem o potencial de substituir moedas nacionais, como o dólar, o euro e o yuan (renmindi). Uma das principais características do bitcoin é que uma quantidade limitada dele pode ser "extraída", de modo que os países seriam incapazes de simplesmente imprimir dinheiro numa tentativa de lidar com as ineficiências na sua gestão financeira. Imagine o fim da manipulação das moedas (que, a propósito, os Estados Unidos são tão culpados de fazer por meio de sua flexibilização quantitativa, QE, quanto a China, que alguns norte-americanos criticam pelo mesmo motivo).

Acesso aberto, padrão aberto, governança aberta para o futuro?

O futuro das finanças será construído com base em um novo acesso, padrão e governança abertos para o futuro ou será simplesmente uma tecnologia de fiscalização distribuída, que já existe? A blockchain, conforme explicado no site da IBM, é um "livro de registro compartilhado e imutável para compilar o histórico de transações. Ela promove uma nova geração de aplicativos transacionais que estabelecem confiança, responsabilidade e transparência".

A blockchain facilita a transferência e o rastreamento de ativos dentro de uma rede. Os ativos podem ser tangíveis/físicos, como luminárias, casas, carros e quadros, ou podem ser intangíveis/virtuais, como licenças, contratos, patentes, certificados de ações e música digital. Uma rede blockchain pode conectar todos os participantes de um mercado, de fornecedores a fabricantes, distribuidores e, finalmente, o cliente. A blockchain apresenta um registro compartilhado e distribuído que fornece visibilidade de ponta a ponta. A promessa é aumentar a transparência e a fiscalização, o que gera confiança nos mercados e agiliza o rastreamento e a contabilização de ativos.

Uma solução para a propriedade legal de terras e outros patrimônios dos desfavorecidos do mundo?

Existem planos empolgantes de usar a tecnologia blockchain para verificar a propriedade de ativos, como casas e carros, em países pobres que não usam títulos legais como prova de propriedade. Em abril de 2016, o ministério da justiça da Geórgia anunciou uma parceria com a BitFury, com a Agência Nacional de Registro Público da República da Geórgia e com o peruano Hernando di Soto, para projetar e pilotar um projeto blockchain de título de terra. A executiva-chefe da BitFury, Valerie Vavilov, listou três grandes vantagens:

DOMINANDO UM NOVO MUNDO DO TRABALHO • 165

Primeiro, adiciona segurança à base de dados para que as informações não possam ser corrompidas. Segundo, ao alimentar o registro com a blockchain, o auditor público também faz uma auditoria em tempo real... Terceiro, reduz os atritos durante o registro, pois as pessoas podem usar seus smartphones — a blockchain usada como um serviço de cartório.

À época do lançamento deste livro, o projeto seria lançado no final de 2016. A esperança do BitFury é tornar a Geórgia o modelo de virtudes no registro de títulos de terra na blockchain.

A *Bitcoin Magazine* levantou questões abertas em sua edição de 20 de junho de 2016: seriam inúteis as blockchains privadas, administradas por empresas privadas, por nos tornarem dependentes de terceiros? Seriam simplesmente tecnologias de fiscalização distribuída que já existem? Ou será que a blockchain pode oferecer soluções que o bitcoin não fornece, como respeitar os regulamentos da Lei de Portabilidade e Responsabilidade do Seguro de Saúde, impedindo a lavagem de dinheiro e garantindo a conformidade com as leis de "conheça seu cliente"?

Vitalik Buterin, co-fundador da Ethereum, uma plataforma de computação baseada em blockchain, acredita que "as blockchains privadas são inquestionavelmente uma escolha melhor para as instituições". Mas "mesmo no contexto institucional, as blockchains públicas ainda têm muito valor de liberdade, neutralidade e abertura".

Anthony Di Iorio, fundador da Decentral (um serviço de consultoria em blockchain e bitcoin e desenvolvedora de software que também gera um caixa eletrônico de compra e venda de bitcoins em seu escritório em Toronto) e da Jaxx acredita que:

> As blockchains privadas são uma maneira de tirar proveito da tecnologia blockchain, configurando grupos e participantes que podem verificar transações internamente. Isso também representa um risco de violações de segurança, assim como em um sistema centralizado. Portanto, você corre um risco maior do que se usasse uma blockchain pública, protegida pelo confuso poder das estatais.
>
> As blockchains privadas têm sua utilidade. Elas podem ser mais rápidas e fazem mais transações sem problemas de escalabilidade. Existem vantagens e desvantagens em relação à segurança.

Confiar na infalível lógica matemática ou na vulnerabilidade das fraquezas humanas?

A China já desempenha um grande papel no mundo dos bitcoins. Mais de 70% de todas as transações da rede bitcoin passam por quatro empresas chinesas. Isso, de acordo com artigo do *New York Times*, "dá a eles o poder de vetar qualquer alteração no software e na tecnologia bitcoin". Em maio de 2016, o Baidu, gigante da internet na China, fez uma parceria com os bancos chineses para investir no campo de bitcoin dos Estados Unidos. O *New York Times* vê o Bitcoin como um impasse, com duas opções:

> Os populistas estão empenhados em expandir o potencial comercial do bitcoin e, por outro lado, os

DOMINANDO UM NOVO MUNDO DO TRABALHO • 167

elitistas estão mais preocupados em proteger seu status de adversário radical das moedas existentes.

Buscando novas fronteiras no monte Everest e para o mundo das bitcoins chinesas

Em junho de 2016, Sir Richard Branson organizou uma reunião de cúpula de blockchain de três dias para um grupo de elite de 30 pessoas em sua ilha de Neckar, no Caribe, para discutir inovações de ponta, criar novas fronteiras e impulsionar o futuro da tecnologia transformacional.

Os participantes incluíram Marietje Schaake, membro do Parlamento Europeu; Jim Newsome, ex-presidente da Commodity Futures Trading Commission; Beth Moses, engenheira aeroespacial da Virgin Galactic; e nosso amigo chinês Wang Wei, presidente da China M&A Association e do M&A Group.

Wang Wei abriu seu 4º Museu das Finanças em Pequim, em 18 de maio de 2015, com foco em FinTech e blockchain. Mais de 15 mil visitantes, incluindo vinte ministros e prefeitos locais, visitaram a exposição ao longo de apenas cinco meses. Sempre pronto para se aventurar em um novo território, Wei foi um dos primeiros promotores do bitcoin na China. Ele está convencido de que o bitcoin é tão revolucionário quanto o papel-moeda foi na dinastia Song, por volta de 1024 d.C., em Sichuan.

Prevendo o papel que a China desempenhará no desenvolvimento do bitcoin, que a *WIRED* chamou de "o renascimento do dinheiro", Wang Wei colocou com sucesso a bandeira do China Finance Museum no pico do monte Everest, na primavera de 2013, pouco antes de organizar um fórum sobre bitcoins em um de seus museus em novembro do mesmo ano.

Se, como acreditam alguns empreendedores, a China vai se tornar o centro do universo da moeda digital, precisa aumentar a conscientização e a compreensão sobre ela. Embora a China já esteja desempenhando um papel central na indústria multibilionária de bitcoins, outros países ao redor do mundo não pareciam ter conhecimento sobre bitcoin e blockchain, à escrita deste livro. No entanto, as movimentações chinesas representaram 42% de todas as transações de bitcoins em 2016, de acordo com a *Chainalysis*. Para contribuir para uma melhor compreensão dessas tecnologias, Wei e 12 parceiros comerciais criaram um "Centro de Aplicação Blockchain da China" para apoiar a pesquisa, o treinamento e a aplicação da tecnologia. Foi criada uma segunda filial na província de Zhejiang. Um fórum conduzido pelo Centro atraiu mil jovens empresários e o vice-governador.

Para explorar outras aplicações, Wei convidou Hernando de Soto, presidente do *think tank* de Lima para a Liberdade e Democracia e um dos parceiros do projeto da Geórgia para criar e pilotar um projeto de título de terra com blockchain, para apresentar suas ideias para um público chinês. De Soto, conhecido por seu trabalho em economia informal, estima o valor do que ele chamou de "capital morto" de ativos imobiliários não registrados legalmente na Geórgia em até US$ 20 trilhões.

CAPÍTULO SETE
Dominando o desafio da educação

Nós, os autores deste livro, tivemos a bênção de sermos testemunhas das mudanças mais dramáticas e o impacto de tecnologias inovadoras, e temos a desvantagem de não viver o suficiente para ver como isso se desenvolverá e, esperançosamente, amadurecerá durante o século XXI.

Da mesma forma, vimos os benefícios da internet e das mídias sociais e seus inconvenientes; pois essas tecnologias não só facilitam a educação e a comunicação, como também, quando mal utilizadas, têm a capacidade de manipular e entorpecer a mente, desumanizar as pessoas e nos desconectar de um mundo real que é realmente incrível. Como destacamos em *High Tech High Touch*, precisamos desenvolver as qualidades que nos tornam unicamente humanos, a fim de manter um equilíbrio saudável e dominar este novo mundo de alta tecnologia. A educação é fundamental, não apenas no que diz respeito ao que precisamos realizar profissionalmente, como também na manutenção de estruturas políticas funcionais, que exigem políticos e cidadãos responsáveis e educados.

Educação moldada pelo passado ou para o futuro

Nas últimas décadas, vivenciamos as mudanças nas demandas educacionais a partir da perspectiva muito prática de ter seis filhos e 14 netos. Experimentamos a mudança de uma aprendizagem pontual para a vida para o tipo que se dá ao longo da vida. E testemunhamos o aumento da velocidade dos avanços tecnológicos. A difusão dos processos econômicos por meio das tecnologias de informação e comunicação acelerou o sistema como um todo, tornando impossível e impraticável o treinamento tradicional.

Combinando mentes e métodos

Embora todos tenhamos a habilidade de aprender, nossa capacidade de absorver e compreender informações e percepções varia, dependendo de como os dados são apresentados e de como cada um de nós está preparado para ser receptivo a esse método de apresentação. Howard Gardner, professor de Cognição e Educação em Harvard, identificou sete tipos de inteligência. Sua pesquisa resultou na teoria de que os alunos possuem diferentes tipos de mente e, portanto, aprendem, lembram, atuam e entendem de maneiras diferentes. Ele conclui:

> Todos somos capazes de conhecer o mundo de diferentes maneiras, por meio da linguagem, da análise lógico-matemática, da representação espacial, do pensamento musical, do uso do corpo para resolver problemas ou para fazer coisas, da compreensão dos outros e de nós mesmos.

Mesmo que sua teoria remonte à década de 1980, muitos sistemas educacionais ainda se baseiam na crença de que todos aprendem da mesma maneira. Ao empregar abordagens feitas sob medida para diferentes estilos de aprendizagem, no entanto, os sistemas educacionais poderiam melhorar consideravelmente seu trabalho de ajudar os alunos a atingirem seu potencial máximo e cultivar seus múltiplos talentos. A despeito da teoria de Gardner ter sido questionada e contraditada, os fundamentos são válidos. As diferenças entre o pensamento musical e a análise lógico-matemática devem influenciar o conteúdo e o método de ensino, a fim de permitir que ambos os grupos atinjam seus respectivos potenciais.

O aprendizado musical, por exemplo, envolve uma percepção de ritmo e som. Uma maneira de trazer melhorias na aprendizagem pode vir de estudar com música de fundo (alguns pais, até mesmo nós, podem se lembrar de repreender os filhos: "Como você consegue aprender alguma coisa ouvindo música enquanto estuda?"). Para alunos que pensam musicalmente, resolver um cubo mágico pode ser um desafio tão difícil quanto seria, para um aluno com uma mente mais matemática, memorizar a ária de uma ópera. O estudante lógico-matemático pensa de maneira diferente, com maior capacidade de reconhecer padrões, pensando conceitual e abstratamente. Esses alunos podem aprender melhor por meio de jogos de lógica, resolvendo mistérios ou investigando.

Não importa em que teoria se acredite, em que país se viva, o ensino pode ganhar vida. Um amigo nosso em Cingapura está usando essa abordagem para ensinar biotecnologia. Cursos profissionalizantes em ciências da vida foram desenvolvidos para estimular o talento local. A narrativa de um crime transforma os alunos em médicos forenses e combina a resolução do caso com aulas de biotecnologia.

Em Chicago, nosso filho John transforma o ensino de história em peças, que são roteirizadas e encenadas pelos alunos. Imaginem quanta compreensão os alunos obterão da Revolução Francesa depois de interpretarem Robespierre ou Maria Antonieta ou assumirem os papéis de Mao Zedong e Chiang Kai-shek.

Mesmo sem reforma na educação, um único professor pode fazer a diferença

Não importa quais sejam as condições gerais, as demandas e o nível de reforma nas escolas e sistemas escolares: para os alunos, um professor excelente pode fazer toda a diferença no mundo. Ele pode torcer ou desencorajar, despertar talentos ou enterrá-los. Em todos os países do mundo, a qualidade dos professores desempenha um papel decisivo.

Em nosso livro *Mudança no jogo global*, um dos capítulos é sobre o que chamamos de dois grandes Es: Educação e Economia. A base indispensável para alcançar o progresso econômico é a educação. Nos últimos anos, falamos com milhares de alunos e pudemos notar suas preocupações em relação a encontrar seu lugar no mundo do trabalho, que muda tão rapidamente.

Encontramos professores engajados e que fizeram de tudo para aliviar a pressão que os alunos sentiam, especialmente pupilos e alunos na Ásia e ainda mais na Coreia do Sul. A mesma pressão recai sobre os professores, que são responsabilizados quando os estudantes não passam nos exames e quando o número de alunos aceitos por uma das universidades de prestígio cai.

Os professores estão enfrentando o desafio de lecionar tendo em vista empregos que não foram criados, usando tecnologias

DOMINANDO O DESAFIO DA EDUCAÇÃO • 173

ainda não inventadas. E quem está ensinando os professores, que, durante seus dias de faculdade, esperavam que as habilidades e conhecimentos que adquiriram os serviriam para o resto da vida?

Uma tonelada de culpa para distribuir

Seria lógico pensar que a importância da educação e os desafios que ela apresenta fariam com que governos, empresas, professores e pais trabalhassem em conjunto para atender as demandas. Infelizmente, quanto maior a pressão para ter sucesso, maior é o incentivo para buscar culpados e a resistência à mudança.

Embora todos possamos concordar que a educação, de um modo geral, está deixando a desejar na preparação dos alunos em todo o mundo para a economia global de alta tecnologia e para o mundo de amanhã, existe uma grande divergência a respeito das causas. Nos Estados Unidos, por exemplo, muitas pessoas culpam as escolas e desejam responsabilizar exclusivamente os professores pelo desempenho dos alunos. Alguns educadores argumentam que essas práticas de responsabilização são injustas, porque as condições variam consideravelmente devido às diferenças nas condições socioeconômicas, no estilo de criação, na aptidão do aluno e assim por diante. Algumas pessoas culpam a inclusão (admitir alunos com deficiência em salas de aula regulares) ou o tempo excessivo gasto em testes padronizados.

Outros acreditam que a educação pode ser resolvida por meio da escolha da instituição de ensino — os pais deveriam escolher escolas melhores para seus filhos, assim as boas prosperariam e aquelas com mau desempenho desapareceriam. E outros acham que a culpa é do descaso dos pais — que a raiz do problema é a falta de disciplina ao permitir que as crianças passem muito tempo jogando videogame, socializando na internet e assistindo TV.

Em muitos países europeus, assim como nos Estados Unidos, não são as exigências do mercado de trabalho, a competição global e os desenvolvimentos sociais que moldam a reforma educacional em direção a melhorias e avanços. É uma resistência massiva, principalmente dos sindicatos e de um número significativo de professores e docentes universitários que terão que implementá-la. Os professores devem ser a ponte entre o passado e o futuro, entre educação e economia. Seus sindicatos, que frequentemente vivem no passado, estão derrubando pontes. A realidade de que mesmo a reforma mais eficaz não pode ser implementada sem o apoio dos professores é um fato devastador não apenas para os políticos, como para todos nós.

Não é de se admirar que as conversas sobre a necessidade urgente de reforma educacional continuem. E, na maioria dos casos, muito pouco está sendo feito. Bons exemplos estão disponíveis como modelos, como Cingapura e países do norte da Europa, mas são amplamente ignorados.

A despeito do baixo desempenho, a educação está mais cara do que nunca, especialmente nos Estados Unidos onde, ao mesmo tempo, a renda média está estagnada. Isto, é claro, vem resultando em sacrifícios financeiros cada vez maiores para as famílias. O mesmo vale para a China, onde a flexibilização da política do filho único não levou a um aumento na taxa de natalidade, como era esperado. Para muitos chineses, simplesmente não é viável garantir uma boa educação e instrução para mais de uma criança.

Pressão e competição

Desde a abertura e reforma de Deng Xiaoping, a China compreendeu o papel fundamental da educação. Isso não significa que os problemas foram resolvidos. O tamanho do país, a diferença entre regiões altamente desenvolvidas e subdesenvolvidas e a disparidade no nível dos professores disponíveis causam muitos problemas que não são resolvidos. Além disso, o sistema ainda é baseado em provas, com apenas respostas certas ou erradas. O pensamento independente não é muito incentivado. Mesmo assim, estamos otimistas. Iniciativas para aumentar a qualidade, especialmente nas regiões rurais, têm sido implementadas.

Visitamos escolas experimentais, desde o Tibete até Sichuan, de Pequim até Tianjin, bem como instituições conservadoras. Em comparação com os Estados Unidos e a Europa, a situação é muito mais complexa, pois inclui desafios causados pelo sistema político dual da China, em que direitos sociais como educação e saúde estão vinculados ao local de nascimento. E observamos, em todas as partes do país, altíssima competitividade entre os alunos, aliada à pressão da expectativa dos pais e avós, da escola e do país.

Sob a ótica dos investimentos, a educação oferece grandes oportunidades, que vão do jardim da infância à faculdade e aos MBAs.

A situação na Coreia do Sul não é muito diferente, com competição e pressão ainda maiores. Dias letivos de 16 horas são comuns, assim como tutores e *hagwons* (escolas particulares após ensino público) para ajudar as crianças a acompanharem o ritmo. A cada cinco anos, os professores alternam de escolas, tendo a oportunidade de trabalhar em instituições de ensino de níveis de qualidade diferentes. Os educadores são avaliados, recebendo pontos pelas provas que fazem, pelos workshops e treinamentos que frequentam e pela classificação geral de suas escolas. Competição e pressão não são novidade para os sul-coreanos; eles enfrentam isso na escola e depois de se formarem. Mesmo os professores devem competir ao longo de suas carreiras, até o dia de sua aposentadoria (após os 65 anos).

Sem faculdade, sem emprego?

Nossos próprios filhos e netos têm talentos muito diferentes, mas todos eles se formaram na faculdade. Muitas pessoas acreditam que ter um diploma universitário é a chave para o sucesso no mercado de trabalho atual. Esse tem sido o pensamento nos Estados Unidos, na Europa e na China há algum tempo. Na verdade, por muitos anos, as discussões europeias sobre a educação e o mercado de trabalho muitas vezes giraram em torno da "academização", um movimento cujo objetivo global é o ensino superior para todos.

O objetivo é compreensível se você olhar para a renda de trabalhadores que cursaram uma faculdade. De acordo com um estudo da McKinsey de 2013, quase metade dos bacharéis que cursaram quatro anos de faculdade estão trabalhando em empregos que não exigem um diploma universitário. A sua renda média é 84% maior do que a daqueles que entraram no mercado de trabalho com diploma de segundo grau, quanto mais comparada à daqueles sem diploma algum. Outro argumento a favor do ensino superior para todos é que, em muitos setores da sociedade, a educação acadêmica e o prestígio social estão intimamente ligados. Além disso, a digitalização

DOMINANDO O DESAFIO DA EDUCAÇÃO ▪ 177

e a globalização adicionam complexidade ao nosso mundo de trabalho.

Mas, embora o ensino superior para todos seja altamente desejável, podemos questionar sua razoabilidade. Quem se beneficia se os profissionais de serviço em hotéis e as enfermeiras cuidadoras de idosos podem exibir orgulhosamente diplomas universitários, mas ainda não ganham um centavo a mais do que as pessoas que eram qualificadas para trabalhar nesses empregos no passado apenas com formação profissionalizante? Na década de 1970, menos de 1% dos taxistas e bombeiros dos Estados Unidos tinham diploma universitário. Em 2013, esse número havia subido para mais de 15% (relatório do *US Center for Affordability and Productivity*). Profissões relacionadas a adoção e acolhimento familiar e saneamento, que, nas últimas décadas, conseguiam administrar muito bem suas funções com a formação profissionalizante, agora exigem diploma universitário.

Algumas pessoas consideram a faculdade como um lugar para aprimorar o intelecto e a perspicácia, o que aumenta a competência dos formados. Inclusive, as taxas de desemprego entre aqueles que têm diploma de nível superior ainda são bem baixas. Outras temem que saturar o mercado de trabalho com recém-formados resulte em inflação e, consequentemente, no aumento do desemprego entre eles.

Mudando o objetivo de "faculdade para todos" para "igual acesso para todos"

A faculdade não é a melhor opção para todo mundo, especialmente quando se considera seu alto custo. Em vez de faculdade para todos, o objetivo deveria ser igual acesso para todos. A escolha não deveria ser determinada pelas condições sociais, mas pela avidez, pelos objetivos e pelas expectativas sensatas do aluno a respeito de ter sucesso na busca por educação superior.

Olhando para a história da educação, podemos ver a separação entre o Estado, de um lado, e o mundo corporativo, do outro, cada um contribuindo para uma ordem hierárquica. Os níveis dos profissionais estavam profundamente ligados às posições sociais, situação em que a classe alta permanecia tão conectada à universidade quanto a classe baixa à formação profissionalizante. O condicionamento mental da sociedade ainda não mudou; o clima acadêmico e a mentalidade de muitos, incluindo professores universitários, não indicam muita flexibilidade ou receptividade à mudança.

A Alemanha está alarmada. Os cargos de aprendizes permanecem vagos. As indústrias precisam de pessoas que possam transformar ideias em realidade, fazer as máquinas e mantê-las funcionando. Em referência à apresentação de um estudo, "Trabalhadores qualificados para a indústria 4.0", Volker Fasbender, diretor administrativo de uma associação empresarial alemã, disse que "para alavancar todos os potenciais para um futuro digital, os trabalhadores bem treinados são indispensáveis para as nações industriais e exportadoras em transição para a Indústria 4.0. O ensino médio e a educação dual devem abrir oportunidades iguais para carreiras profissionais". A educação dual combina a educação escolar com a experiência de trabalho, semelhante a um estágio, agregando vantagem à Alemanha como local industrial.

Líderes demais e seguidores de menos?

Dada a transformação demográfica, as empresas competem cada vez mais por candidatos adequados. E, embora as universidades formem muitos profissionais bem qualificados para cargos de liderança e gestão corporativa, elas são menos eficazes na preparação de alunos para posições que apoiam diretamente as operações de uma empresa. Dado esse fato, avaliar o sucesso de um país na educação apenas pelo fato de ele proporcionar faculdade para todos é de valor questionável.

Se compararmos a classificação de um país no índice competitivo global com sua taxa de diplomados universitários, poderemos ver que não há uma ligação direta. A Suíça, que mais uma vez lidera o índice competitivo mundial, tem uma taxa de graduação de apenas 20%. Além disso, apresenta a segunda maior renda per capita, de US$ 51.582 anuais, perdendo apenas para a de Luxemburgo.

A Alemanha, que ocupa o quarto lugar em competitividade, tem uma taxa de apenas 17% de formados (idades entre 25 e 64 anos). A Rússia, com uma taxa de graduação universitária de 53% e um dos menores custos por aluno, está em 44º lugar em sua competitividade.

Nas regiões urbanas da China, 70% dos jovens estão se matriculando em instituições de nível superior. Mas, embora a China tenha alcançado uma posição de liderança no ranking global do PISA [Programa de Avaliação Internacional de Estudantes, um estudo mundial da Organização para a Cooperação e Desenvolvimento Econômico (OCDE)], suas empresas estão sofrendo com a falta de trabalhadores qualificados. Por exemplo, nos estaleiros de Xangai, os soldadores estão entre os trabalhadores qualificados mais bem pagos do país.

Mas, embora a China possa se orgulhar de sua classificação no PISA, em um exame comparável para técnicos eletrônicos e mecânicos, apenas alguns chineses atingiram o nível de seus concorrentes alemães.

A Coreia do Sul está no topo do ranking dos graduados universitários na OCDE, mas, ao mesmo tempo, ocupa um decepcionante 26° lugar no índice competitivo. Na classificação da OCDE dos graduados com melhor desempenho, o Japão está em primeiro lugar, seguido por Finlândia, Holanda, Suécia, Austrália, Noruega, Bélgica, Nova Zelândia, Inglaterra e Estados Unidos (em 10°). Porém, nenhum dos países nas primeiras posições tem uma presença forte nas classificações convencionais das universidades.

O assunto da educação é complexo. Os sistemas educacionais em todo o mundo precisam de reformas estruturais abrangentes, transformando a separação do Estado e do mundo corporativo em cooperação mútua, para equilibrar as necessidades acadêmicas e práticas.

Uma reforma educacional bem-sucedida é uma necessidade econômica e social, que precisa urgentemente de revisão e de reorientação sistêmica abrangentes. Em quase todos os países, a educação é uma colcha de retalhos de soluções temporárias, atormentada por manobras evasivas e sobrecarregada por disputas políticas, interesses conflitantes, questões de prestígio, falta de financiamento e pela relutância em admitir que, sem abrir mão do obsoleto, não há espaço para o novo. Nossos filhos e netos pagarão o preço.

Por que a criatividade importa

O recurso mais valioso que um país possui são os talentos coletivos de suas crianças. Segue-se então que, social e economicamente, nada é mais importante do que apoiar seus talentos, fornecendo a melhor educação possível.

DOMINANDO O DESAFIO DA EDUCAÇÃO • 181

Mas qual é a melhor educação possível?

Caminhando em direção a um mundo digital, a matemática e o pensamento analítico tornaram-se altamente desejáveis. A ciência de dados e a biotecnologia estão no topo da lista das profissões mais populares da China. Não é de admirar que haja uma tendência geral na educação de cortar matérias "inúteis" como línguas estrangeiras, artes, história e música das grades curriculares, e de investir mais recursos em matemática, leitura e ciências. Mas o que será perdido? Quem produzirá grandes pinturas e esculturas? Quem vai compor as grandes sinfonias? Quem projetará arranha-céus inspiradores? Quem se tornará o grande visionário do futuro? Mais importante: quem projetará o próximo carro que se tornará um objeto de desejo, como o Beetle, Lamborghini ou Porsche 911?

O objetivo da educação é, ou pelo menos deveria ser, algo mais do que apenas produzir as engrenagens que operam as máquinas da Indústria 4.0. Como humanos, nosso objetivo precisa contar com a criatividade, e uma mente criativa é aquela que é povoada por uma diversidade de conhecimentos e experiências.

A imaginação é mais importante do que o conhecimento — Albert Einstein

Em todos os países da OCDE, há um aumento óbvio na proporção de empregos que requerem habilidades criativas para a resolução de problemas. A palestra mais popular no TED de todos os tempos não foi sobre tecnologia nem proferida por Sergey Brin e Larry Page, do Google, mas pelo então relativamente desconhecido especialista em criatividade Ken Robinson. Seu discurso levantou a questão: "As escolas matam a criatividade?".

A atenção que seu discurso atraiu pode ser atribuída, até certo ponto, às suas excelentes qualidades como palestrante, mas a maior parte de seu sucesso se deve ao fato de as pessoas concordarem com ele sobre a criatividade ser a chave para vencer os desafios profissionais. Robinson fala sobre fatos bem conhecidos, mas os coloca em um contexto diferente. Quase universalmente, os sistemas escolares seguem as mesmas hierarquias em seus currículos: matemática, linguagem, ciências naturais e, no final da lista, se é que o fazem, disciplinas artísticas. Música e desenho parecem ser as primeiras vítimas do corte de gastos.

Alunos como parte de uma engrenagem de inteligência bem treinada?

No século 18, o imperador alemão Frederico, o Grande, ficou fascinado com a ideia de construir uma força militar composta por soldados bem treinados. A educação, entretanto, era limitada. Ele temia que os filhos de agricultores que recebessem educação poderiam querer se mudar para as cidades e se tornar escrivães. As carreiras militares, judiciárias e administrativas eram reservadas aos aristocratas. Os sargentos inválidos, entretanto, sem nenhuma utilidade em batalhas, eram capazes de ensinar os filhos de fazendeiros nas escolas das aldeias, preparando-os para o serviço militar.

O entendimento de que meninos com melhor educação se tornariam melhores soldados e lutadores pode ter contribuído para a decisão da imperatriz austríaca Maria Theresa de implementar a educação obrigatória, em 1774, nos países do Império Habsburgo. No entanto, foi quase duzentos anos depois que o ducado alemão de Pfalz-Zweibruecken, bene-

DOMINANDO O DESAFIO DA EDUCAÇÃO • 183

ficiado pelo espírito calvinista de educação, implementou a escolaridade obrigatória pela primeira vez na Europa, para meninos e meninas, em 1592.

No entanto, o ducado alemão estava cerca de 1.500 anos atrasado em relação à primeira escola secundária pública da China, criada entre 143 e 141 a.C., durante a dinastia Han, por Wen Wen (que, na época, era governador do magistrado de Shu), com o objetivo de tornar a educação acessível às crianças de Sichuan. Era uma casa erguida com pedras, o que deu à escola o nome de Shishi (câmara de pedra). Uma casa tão sólida e à prova de fogo era bastante incomum na época.

Cerca de 2.150 anos depois, passamos um tempo no colégio Shishi, que foi renomeado, sem romantismo, para Chengdu No. 4 Middle School, em 1952, após o estabelecimento da República Popular da China. É uma das escolas experimentais de Sichuan que está entre as cem melhores escolas de ensino médio da China. Parece que parte da herança militar prussiana chegou à China. Os soldados de Frederico, o Grande, não poderiam ter executado suas manobras com mais precisão do que os alunos do Shishi durante o exercício matinal, no qual quase mil jovens fizeram fila em minutos para completar um desfile esportivo matinal sincronizado e, em seguida, desaparecer rapidamente para dentro de suas salas de aulas.

A ideia de uma grande "engrenagem de inteligência" bem azeitada também está no ar quando se observa o ritual de alunos bem treinados como soldados em escolas de ensino médio e universidades chinesas, concluindo seus períodos de treinamento.

Surpreendentemente, embora a criatividade não seja uma meta principal no sistema educacional chinês, nos testes do PISA sobre qualidades de resolução de problemas os alunos chineses estavam entre os melhores.

Infelizmente, o foco nos resultados de provas contém um perigo oculto. O sistema da China cria viciados em testes. Qualquer resultado de uma prova é um feedback imediato e, na melhor das hipóteses, confirma o brilhantismo. Ele quantifica e avalia. Pode dar autoconfiança, assim como pode destruí-la. A China embarcou em uma iniciativa para implementar uma reforma educacional que promete uma transformação real. As universidades de Pequim e Tsinhua estão determinadas a superar Harvard e Stanford. Mas elas precisam ser capazes de quebrar seu próprio DNA; como qualquer outro país, a China precisa superar a burocracia e um sistema escolar público que é antiquado e fechado. Trinta décadas atrás, o país provou sua capacidade de curar um sistema falido ao revolucionar seu sistema educacional — e é capaz de fazer isso novamente.

A chave para a imaginação científica

A criatividade é a chave para o sucesso na carreira. Em 2014, no estudo da Adobe *Criatividade e Educação: Por que é importante*, com base em mil entrevistas com funcionários norte--americanos assalariados de tempo integral e com formação universitária, 96% dos profissionais concordaram que a criatividade é necessária para o crescimento econômico. Para 78% dos entrevistados, a criatividade era importante em suas carreiras; outros 78% disseram que gostariam de ser mais criativos. [Mais informações no site em inglês: www.creativityatwork.com]

A definição de pensamento criativo era a capacidade de "pensar fora da caixa" e de "apresentar ideias inovadoras". Essa opinião não se limita a pessoas que atuam em profissões ligadas à criatividade.

DOMINANDO O DESAFIO DA EDUCAÇÃO • 185

No entanto, ciência (com 69%) e matemática (com 59%) tiveram uma classificação surpreendentemente alta na contribuição para o pensamento criativo, enquanto as disciplinas artísticas óbvias, como arte (79%), música (76%) e teatro (65%) lideraram a lista. Por mais óbvio que possa ter sido antes, o resultado confirma que a chave para a imaginação científica é apoiar os talentos intelectuais e artísticos.

A importância dos bons julgamentos

Já contamos essa história antes e, mesmo sendo um caso único, temos certeza de que é apenas uma de muitas sobre talentos negligenciados nos sistemas escolares.

Essa história verdadeira começou na década de 1930, em Bromley, Inglaterra, conhecida por um sistema escolar bastante rígido. A garotinha Gillian sofria de agitação e não conseguia se concentrar. A escola havia se tornado um sofrimento para ela e para sua mãe. Gillian simplesmente não conseguia ficar parada, e sua defesa — "Mas não consigo pensar sem me mexer" — não era exatamente capaz de acalmar seus professores ou silenciar suas queixas. Hoje em dia, o diagnóstico mais provável seria transtorno de déficit de atenção e hiperatividade, ou TDAH. Mas naquela época essa ainda não era a explicação mais comum para os transtornos de aprendizagem. Sua mãe a levou a um especialista. Provavelmente aquele foi o dia de mais sorte na vida de Gillian.

O médico ouviu a mãe lamentando sobre a incapacidade de Gillian de se concentrar, seus problemas com os deveres de casa e a interrupção das aulas na escola. A própria Gillian não disse uma palavra; ela se sentou sobre as mãos em silêncio. O médico disse a Gillian que ele e sua mãe precisavam conversar um pouco. Antes de irem para outra sala, ele ligou o rádio. Através de uma janela de vidro espelhado, eles viram Gillian dançando ao som da música. "Não acho que sua filha esteja doente", disse o médico, "e sim, que ela é dançarina".

Foi o "diagnóstico" correto. Gillian se tornou uma bailarina célebre do Royal Ballet de Londres e mais tarde fundou seu próprio grupo de dança. A rainha da Inglaterra a condecorou Dama da Ordem do Império Britânico. Sua fama global foi estabelecida quando ela escreveu a coreografia para os musicais "Cats" e "O fantasma da ópera", de Andrew Lloyd Webber. Multimilionária, viveu até os 92 anos.

Einstein trabalhava intuitivamente e se expressava logicamente

Sem imaginação científica, Albert Einstein nunca teria se levantado contra o sistema científico de sua época. Sem dúvida, o físico deve muito à sua notável lógica e ao seu pensamento matemático, mas isso era apenas uma parte de sua mente genial:

Quando examino a mim mesmo e meus métodos de pensamento, chego perto da conclusão de que o dom da imaginação significou mais para mim do que qualquer talento para absorver conhecimento. Todas as grandes conquistas da ciência devem partir do conhecimento intuitivo. Eu acredito na intuição e na inspiração...

Às vezes, tenho certeza de que estou certo, embora não saiba o motivo.

— Alice Calaprice, *Assim falou Einstein*, 2000

DOMINANDO O DESAFIO DA EDUCAÇÃO ▪ 187

O que Einstein, que visitou a Inglaterra em 1921, pensaria da Velha Albian hoje ao testemunhar a predisposição na política educacional britânica de expulsar as ciências humanas das faculdades? Que comentários Einstein teria feito se tivesse ouvido o vice-reitor da Universidade de Belfast, pouco antes de entregar diplomas a jovens historiadores, dizer que a sociedade "não precisa de um jovem de 21 anos que seja especialista em história do século VI"?

A falta de verba e uma demanda por eficiência na ciência, consequentemente, levaram a uma nova avaliação do que prepara os alunos para atender às demandas do mundo moderno. A sociologia e a antropologia são agora consideradas irrelevantes.

Helen Small, professora de literatura em Oxford, não compartilha dessa opinião: "As ciências humanas são úteis porque podem pressionar a forma como os governos definem e avaliam a 'utilidade'."

Os limites da minha linguagem significam os limites do meu mundo — Wittgenstein

Cada vez menos alunos decidem estudar línguas modernas, e os aspectos culturais da literatura são deixados para as minorias da elite. A Alemanha experimentou uma queda de 34% no número de alunos que estudam línguas modernas, e várias universidades britânicas, incluindo Brighton, Liverpool e Wolverhampton abreviaram os estudos linguísticos em "cursos de idiomas" ou "idiomas para diversão".

Onde foi parar o espírito do filósofo alemão Ludwig von Wittgenstein? O filósofo, que passou a maior parte de sua vida na Inglaterra, reconheceu a importância da linguagem tanto para compreender quanto para moldar o mundo ao seu redor. Seu espírito foi capturado em suas próprias palavras em seu *Tractatus Logico-Philosophicus* de 1919: "Os limites da minha linguagem significam os limites do meu mundo."

Encher um balde ou acender uma fogueira

O conhecimento e a capacidade de nos expressarmos são a espinha dorsal das economias do conhecimento. Mas, como alguns países demonstraram, uma boa educação por si só é insuficiente. O talento precisa de um ambiente nutritivo para desenvolver e alavancar seu potencial. Quando Lutero falou da "Palavra", ele se referiu à palavra de Deus (a Bíblia), mas, em um sentido mais amplo, podemos tomar isso como um conselho para o nosso tempo: "Esta é a soma da questão; que tudo seja feito para que a Palavra tenha curso livre".

Uma das citações mais famosas na educação é atribuída ao poeta irlandês William Butler Yates (1865—1939). E, no entanto, pode não ter sido de sua autoria: "A educação não é encher um balde, mas acender uma fogueira". Lucius Mestrius Plutarchus (45-120 D.C.), um filósofo grego que, depois de se tornar um cidadão romano, mudou seu nome para Plutarco, escreveu em *Listening to Lectures*: "A mente não é um vaso que precisa ser enchido, mas madeira que precisa ser acesa."

Não importa se Yates teve o mesmo pensamento ou se parafraseou Plutarco, pelo menos não quando se trata de implementar a ideia.

Nos últimos anos, tivemos a oportunidade de falar para milhares de estudantes do ensino médio e universitários, principalmente na China, mas também na Coreia do Sul, nos Estados Unidos e na Áustria. Tivemos muitas discussões sobre como a ruptura entre a aprendizagem mecânica e o pensamento independente pode ser superada. Não é apenas um desafio chinês; currículos obsoletos e poucas adaptações às necessidades do século XXI são um problema em muitos países. No entanto, seja na China ou em qualquer outro país do mundo, a qualidade dos professores ou a falta dela pode fazer uma grande diferença na forma como os alunos aprendem.

China-Estados Unidos: ensino em duas culturas diferentes, mesmos problemas?

Quando falamos sobre educação nos Estados Unidos, estamos na verdade nos referindo a algo que não existe. Todos os cinquenta estados americanos têm regras e regulamentos próprios. Mas, apesar da diversidade na administração, a necessidade de uma reforma educacional une todos eles.

A situação na China é diferente, porque o governo central orquestra a direção geral que as escolas e universidades nas províncias devem seguir. No texto a seguir, discutimos escolas de ensino médio em ambos os países. E a melhor maneira de ter uma impressão de como funciona o ensino na prática é perguntar aos professores, que são confrontados com o que é e com o que deve ser feito no trabalho em sala de aula com seus alunos todos os dias. Tanto os professores chineses quanto os norte-americanos entrevistados trabalham em escolas de ensino médio com cerca de três mil alunos.

Nos Estados Unidos, entrevistamos um educador que foi nomeado como "Professor do ano em Illinois em 2007" e homenageado como "Professor de distinção com bolsa presidencial"; tornou-se o "Instrutor de tênis do ano em Illinois em 2013 e

2015", treinou o Hinsdale Central High School Boys Tennis para ganhar o campeonato estadual em 2012, 2013, 2014 e em 2015, e se tornou "Técnico Nacional de Tênis do Ano da Região Centro-Oeste em 2015". Se tal professor não conseguiu acender a fogueira, quem conseguiria?

A Hinsdale Central High School está localizada no subúrbio de Chicago e tem cerca de três mil alunos. É uma escola de alto desempenho e foi classificada como uma das cem melhores escolas dos Estados Unidos. Quase 20% dos alunos são de ascendência asiática, a maior minoria étnica da escola. O nome do professor é John Naisbitt e, como você provavelmente já deve ter adivinhado, ele é John Naisbitt Júnior, embora nunca seja chamado assim. Ele é certamente um especialista em dar vida à história, disciplina que leciona na Hinsdale Central High School. Quem poderia nos dar um quadro mais preciso e realista sobre em que patamar se encontra a educação americana e para onde ela está — ou deveria estar — indo?

As ideias do professor americano sobre educação

Por John Naisbitt Jr.

A educação norte-americana do século XXI está em uma encruzilhada. Será que devemos continuar com o modelo mecânico de memorização de fatos, datas, verbos, tabelas periódicas, fórmulas científicas e estatísticas matemáticas? Ou devemos ser os pioneiros em uma nova abordagem que se concentra na investigação conduzida pelo aluno e nos entendimentos essenciais por meio de ambientes de aprendizagem cooperativa? Os dados sugerem que a última opção está fazendo um progresso significativo nas salas de aula em todo o país.

DOMINANDO O DESAFIO DA EDUCAÇÃO ▪ 191

O conceito de aprendizagem centrada no aluno não é novo, embora a ênfase nisto seja. Edgar Dale (educador norte-americano que desenvolveu o Cone da Experiência) sugere que nos lembramos de apenas 10% do que ouvimos, mas de impressionantes 95% do que ensinamos. Se isso for correto, o antigo modelo do professor como um "sábio no palco" não é apenas datado, mas ineficiente. O ensino eficaz envolve fazer com que os alunos liderem o processo de descoberta do conhecimento por meio de investigação e entendimentos essenciais, feitos em duplas ou em pequenos grupos.

A investigação envolve o estabelecimento de questões--chave, que precisam ser abordadas e compreendidas. Isso deve ser feito com os alunos no início de um novo conteúdo. A aprendizagem investigativa envolve o aluno e o leva a compreender. Infelizmente, com demasiada frequência, o sistema antigo espera estritamente que os alunos ouçam e repitam, em vez de perguntarem e criarem. Os professores precisam ser treinados quanto à melhor forma de executar e estruturar esse processo. O resultado serão alunos que saberão formular questões para adquirir conhecimento — característica que os ajudará em qualquer carreira. (Observação: o trabalho avançado na aprendizagem investigativa pode muito bem envolver investigação interdisciplinar; por exemplo, olhar para a Revolução Francesa por meio da história, literatura e arte, e chegar ao entendimento baseado em uma abordagem multidisciplinar.)

As salas de aula nos Estados Unidos do século XXI devem ter entendimentos duradouros (EDs ou EUs, em inglês). EDs são declarações que resumem ideias importantes e processos essenciais que são centrais para uma disciplina e que têm valor duradouro além da sala de aula. Eles sintetizam o que

192 • DOMINANDO AS MEGATENDÊNCIAS

os alunos devem entender — não apenas saber ou fazer — como resultado do estudo de um conteúdo específico. O atual currículo Common Core é um produto desse pressuposto. Assim como as questões-chave são desenvolvidas por meio da investigação, os EDs são auxiliados pelo professor, não dirigidos por ele.

Finalmente, os ambientes de aprendizagem cooperativa e colaborativa refletem uma mudança fundamental na educação nos últimos cinquenta anos. Por décadas, a norma tem sido uma unidade de aprendizado. Seja em duplas ou em pequenos grupos, a aprendizagem cooperativa (de acordo com vários estudos) ajuda os alunos a aprimorarem suas habilidades de pensamento, ao mesmo tempo em que aumenta sua retenção e autoestima.

O século XXI refletirá uma mudança da aprendizagem centrada no professor para a aprendizagem centrada no aluno, na qual a investigação e os EDs são enfatizados em um ambiente colaborativo.

China: afastando-se do aprendizado mecânico

Para ter uma ideia da posição da China na implementação de reformas educacionais, perguntamos a uma professora muito engajada que conhecemos durante os três anos de nossa coluna quinzenal no *China Youth Daily*. Naquela época, começamos a trocar cartas com Zan Yajuan, que leciona na Nº 16 Middle School de Zhengzhou. A cidade tem uma população urbana de mais de seis milhões de pessoas e é a capital econômica, política, tecnológica e educacional da província de Henan.

A escola abriga 28 turmas do primeiro ano, cada uma com cerca de cinquenta alunos. São trinta turmas do último ano, com 65 alunos cada. No total, o ensino médio tem cerca de 3.100 alunos e mais de duzentos professores.

Seus pensamentos sobre as necessidades de educação não são muito diferentes dos de seus colegas norte-americanos. Durante nossas muitas visitas a escolas de ensino médio e universidades, percebemos que muitos professores chineses têm que operar dentro do sistema estabelecido e com a ênfase na aprendizagem mecânica. Eles estão fazendo o seu melhor para ajudar os alunos a administrar o fardo da enorme pressão de decorar o material que eles podem nem mesmo entender completamente, especialmente aqueles que não têm o dom de memorizar.

As ideias do professor chinês sobre educação

Por Zan Yajuan

Quanto maiores as cidades, melhores são as reformas realizadas. No campo, a situação não é tão boa. A região também desempenha um papel. Há mais reformas ao longo das áreas litorâneas avançadas do que nas regiões do interior. Computadores são usados no ensino em regiões avançadas, como Pequim, Xangai, Hangzhou e na maioria das regiões do sul. O ensino voltado para o aluno, exigido pelas autoridades e diretores, está se espalhando da cidade para o campo.

As novas reformas que estão acontecendo na China certamente mudarão as formas de ensino e aprendizagem em sala de aula. Agora, os alunos são cada vez mais incentivados a estudar em pequenos grupos, cooperando uns com os outros. Eles discutem um problema e tentam encontrar a resposta sozinhos por meio de discussão em grupo. Usando esse método, os alunos podem aprender coisas novas explorando por conta própria, em vez de serem guiados pelos professores.

No passado, a hierarquia era clara; os professores eram os mestres da sala de aula. O conhecimento era de seu domínio. Os alunos tinham que ouvir o que os professores diziam, fazer anotações e memorizá-las. É claro que os alunos estavam aprendendo de forma passiva. No fim da aula, os alunos recebiam instruções quanto à realização das tarefas de casa. Agora, pesquisam informações na internet. Claro, eles devem ser incentivados a fazer o melhor uso do computador como um colaborador, pois a tecnologia moderna se tornou uma parte importante da nossa vida. Portanto, os alunos devem manter-se atualizados, trabalhando com os computadores.

Os professores estão começando a mudar seus papéis tradicionais na aprendizagem. No passado, eles controlavam tudo o que acontecia na sala de aula, decidindo o que ensinar e como ensinar, quais tarefas deveriam ser dadas e como verificar se os alunos haviam dominado o que fora ensinado.

Mas hoje as coisas são bem diferentes. Os alunos desempenham um papel ativo na aprendizagem. Eles exploram novas informações por conta própria, trabalhando em grupos. Quando têm problemas que não conseguem resolver por si próprios, procuram os professores em busca de ajuda. Os professores estão começando a atuar também como consultores e assistentes de seus pupilos. Além disso, os alunos podem estudar em seu próprio ritmo, assistindo a vídeos que seus professores preparam com antecedência.

Algumas escolas oferecem cursos eletivos, permitindo que os estudantes escolham as disciplinas pelas quais se interessam e oferecendo uma chance para eles aprofundarem seus interesses e descobrirem no que são bons, o que os ajudará a tomar uma decisão bem fundamentada quando, no devido tempo, precisarem escolher uma carreira.

A tecnologia moderna desempenha um papel fundamental no ensino. Os alunos podem aprender com mais eficiência com a ajuda da mídia moderna. Usar as informações disponíveis na internet é visto como uma forma eficaz de promover a capacidade de aprendizado independente dos estudantes. Eles podem entregar sua lição de casa clicando em um botão em seus computadores, e os professores sabem o quão bem os alunos compreenderam. Os estudantes podem aprender assistindo a filmes, a peças de teatro e ouvindo materiais sobre o conteúdo que estão recebendo. O aprendizado é feito de forma mais eficiente porque envolvem diferentes sentidos.

Como crescer como pessoa?

Uma preocupação que precisa de atenção na reforma da educação chinesa e que tem sido destacada como prioridade em praticamente todas as cartas de alunos, pais e professores endereçadas à nossa coluna quinzenal no *China Youth Daily* é: "Como equilibrar o aprendizado e se desenvolver como ser humano?" Muitos fizeram a mesma pergunta: "Como posso descobrir o que eu realmente quero e quem eu realmente sou, quando o intervalo de tempo entre acordar de manhã e ir para a cama tarde da noite é repleto de estudos e de preparação para as provas?". Diferentemente de seus colegas americanos, os estudantes chineses sofrem uma pressão muito maior da sociedade e da família.

Zan Yajuan também tem esse problema:

Na minha opinião, não devemos ensinar às crianças apenas o conhecimento básico escrito nos livros didáticos, que certamente é necessário para que ingressem futuramente na faculdade. Também temos que ensiná-los a fazer as coisas por conta própria e a viver uma vida saudável e feliz.

Mas, infelizmente, apesar de todo o entendimento sobre a necessidade de reforma, ainda existem muitos problemas com a educação na China. Os professores, no entanto, atribuem demasiada importância à aprendizagem teórica baseada na memorização, em vez da verdadeira compreensão e consciência, que ajudaria os adolescentes a crescerem e se tornarem pessoas equilibradas. Além disso, os alunos chineses passam muito tempo fazendo suas tarefas nas salas de aula, restando pouco tempo para uma boa noite de sono, um bom descanso ou tempo para exercícios físicos. Até onde sei, alguns alunos do interior têm aulas das 5h30 às 22h30, o que ainda é considerado eficaz para obter boas notas no vestibular.

Em um ambiente ideal, a aprendizagem deve ser apenas uma parte da vida escolar. Para apoiar a criatividade, os alunos devem aprender a tocar um instrumento, ouvir música. Para se manterem em boas condições físicas, devem praticar todos os tipos de esportes, ter oportunidades de atuar em peças, para que tenham a chance de explorar novas possibilidades e descobrir no que são realmente bons, o que os ajuda a saber quais carreiras devem escolher no futuro. Essa dinâmica também pode

DOMINANDO O DESAFIO DA EDUCAÇÃO • 197

tornar a vida escolar mais colorida, para que os alunos também gostem de aprender. Para dominar a vida cotidiana, eles devem ser ensinados a cozinhar.

Dominando ofertas incríveis

Há um consenso sobre a necessidade de uma reforma educacional, mesmo que ela não seja implementada. Mas essa não é a única questão dentro do campo mais amplo. Depois que os alunos ultrapassam os obstáculos do ensino médio, a próxima grande decisão que enfrentam é o que estudar depois.

Já se foram os tempos em que os alunos podiam escolher entre um número administrável de graduações: teologia, medicina, direito, aritmética, geometria, astronomia, gramática, lógica e retórica. Com o tempo, com os avanços científicos e a descoberta de novos mundos, um curso após o outro foi adicionado.

E, antes da discussão sobre qual método levará aos melhores resultados, a questão da escolha acerca da quantidade esmagadora de programas oferecidos precisa ser respondida. Pelo menos é o que acontece na Alemanha. As opiniões sobre o que realmente faz sentido são contrastantes, variando da rejeição à aprovação.

Faz sentido fragmentar a ciência?

De acordo com o Centro de Desenvolvimento Universitário CEH (Centrum für Hochschulentwicklung), as universidades alemãs acrescentam cerca de setecentas novas disciplinas a cada ano. De 2006 a 2016, o número cresceu de 11 mil para 18 mil cursos. O Study Check, outro portal de avaliação de estudos, lista cerca de 13.400 cursos.

198 • DOMINANDO AS MEGATENDÊNCIAS

A maioria das adições foi feita em cursos como serviço social, ciência da computação, administração e ciência aberta (do consórcio FOSTER, sigla que significa Facilitar o Treinamento em Ciência Aberta para Pesquisa Europeia, um "movimento para tornar a pesquisa científica, os dados e a sua disseminação acessíveis a todos os níveis de um sociedade crítica."), enquanto o número de cursos básicos permanece relativamente constante. Existem cursos para quase todos os tópicos imagináveis. A questão é se faz sentido estreitar tanto as áreas temáticas.

Quantidades incríveis na Alemanha

O que realmente faz sentido? Embora o aluno possa ficar confuso se deve estudar geografia, geografia aplicada, geografia do uso da terra, conflitos da geografia de uso da terra, licenciatura em geografia, geoinformática, geoinformática aplicada, geoinformática e geofísica, ciências geoambientais, geofísica, geofísica/ oceanografia ou geofísica e metrologia, as especificações em ofertas de emprego podem precisar disso.

A geografia não é a única área temática que foi fragmentada. A língua inglesa, por exemplo, pode ser estudada em 13 variáveis. Algumas peculiaridades, como por exemplo gerenciamento de café, foram retiradas da lista (novamente). A competição e a demanda do mercado decidirão quais cursos credenciados se mostrarão sustentáveis.

A escolha do curso não é mais fácil na Universidade de Harvard, cujo catálogo lista mais de oito mil tópicos.

DOMINANDO O DESAFIO DA EDUCAÇÃO • 199

Escolha um trabalho que você ama

A decisão sobre o que estudar é facilmente influenciada pela demanda ou a falta dela no mundo do trabalho. No entanto, traçar um plano de carreira com base na demanda pode levar exatamente à escolha errada. Alguns anos atrás, a Alemanha e a Áustria alertaram sobre o excesso de professores, e agora estão enfrentando uma escassez desses profissionais e tendo que pagar bônus a educadores em algumas regiões. Não há melhor conselho do que estudar aquilo que realmente lhe interessa e em que, claro, também tenha talento. O conselho de Confúcio é tão válido quanto era há 2.500 anos:

"Escolha um trabalho que você ame, e nunca terá que trabalhar um dia na sua vida!"

Com tantas opções, no entanto, pode ser mais fácil falar do que fazer. Às vezes, pode ser útil olhar para quais carreiras e quais cursos são mais populares em diferentes países.

De acordo com o *USA Today* em 2014 [Mais informações no site em inglês: http://college.usatoday.com/2014/10/26/same-as-it-ever-was-top-10-most-popular-college-majors/], os cinco cursos mais populares nos Estados Unidos são:

1) Administração de Empresas
2) Psicologia
3) Enfermagem
4) Biologia
5) Formação de professores e desenvolvimento profissional

Os cinco mais populares na China são:

1) Vendas
2) Gestão Imobiliária

3) Finanças
4) Logística
5) Tecnologia da Informação

Os reis do algoritmo

Olhando para a oferta e a demanda, muitos gostariam de que seus interesses e talentos estivessem nas áreas de alta demanda da matemática e do pensamento analítico. De engenheiro de TI bem pago ao novo Mark Zuckerberg, todas as opções parecem possíveis. E provavelmente não há outro lugar que mostre melhor a lacuna entre aqueles que foram abençoados com o talento certo na hora certa do que o Vale do Silício, ao sul de São Francisco.

Onde milionários não são nem contados

O número de bilionários no Vale do Silício está prestes a chegar a 55. Os milionários não são mais contados. É uma das comunidades mais ricas dos Estados Unidos e, em muitos aspectos, seu futuro laboratório. Lá, você encontra empresas como Apple, AMD, Lockheed Martin, HP, ES Electronic Arts, Cisco, Google, Agilent Technology, LSI Logic, NVidia, Netflix, Facebook, Oracle, Tesla e Symantec, para citar apenas as grandes. A maioria dos funcionários de TI do Vale do Silício desfruta de grandes benefícios e, em comparação com o "mundo normal corporativo", de condições de trabalho paradisíacas. Mesmo os empregos de nível médio, como gerente de marketing, pagam salários de mais de US$ 150 mil por ano.

O quadro muda quando analisamos os empregos que as empresas de TI geralmente terceirizam — garçons, faxineiros,

DOMINANDO O DESAFIO DA EDUCAÇÃO • 201

motoristas, jardineiros e empregadas domésticas. A boa notícia é que o número desses empregos aumentou três vezes mais rápido do que em outras partes dos Estados Unidos. A má notícia é que a renda média anual nessa categoria caiu para apenas US$ 20 mil. Devido aos altos custos de moradia e vida, esses trabalhadores passam horas se deslocando de bairros com menor custo de vida.

A diferença na receita líquida das empresas por funcionário é quase tão grande quanto a diferença na renda. O Facebook ganha US$ 2,8 milhões por funcionário, enquanto um funcionário do McDonald's gera modestos US$ 60 mil para a empresa. Isso pode mudar à medida que o McDonald's volta seu foco para o desenvolvimento e orquestração de iniciativas digitais em todas as facetas de suas interações com os clientes, incluindo e-commerce, serviços de entregas e recursos de conteúdo.

Com base apenas na renda e no status, parece que o melhor curso de estudo a seguir é tecnologia da computação, programação, ciência de dados ou algo relacionado. Por enquanto, o mundo do futuro, pelo menos no Vale do Silício, é governado pelos reis do algoritmo.

Faculdade para todos, dívida para todos

O ensino superior tem dois obstáculos principais: acessibilidade e viabilidade financeira. Em todo o mundo, estima-se que o número de alunos no ensino superior dobre para 262 milhões até 2025. Quase todo o crescimento virá das economias emergentes, sendo metade da China e da Índia. Nos Estados Unidos, em 2014 e 2015, mais de 23 milhões de alunos se inscreveram em cursos de graduação. O custo médio para cursar uma universidade nos EUA chegou a US$ 29.436 em 2013. [Mais informações no site em inglês: https://www.statista.com/topics/829/college-and-university/]

Os EUA não contam apenas com o maior número de matrículas, como essas são também as mais caras do mundo. "Como a crise da dívida universitária de US$ 1,2 trilhão está afetando alunos, pais e a economia" foi a manchete de um artigo da *Forbes* em agosto de 2013. Segundo a reportagem, dois terços dos universitários nos Estados Unidos se formam com algum nível de dívida, o que representa a segunda maior dívida do consumidor (perdendo apenas para a hipoteca) e representando o equivalente a aproximadamente 6% da dívida nacional dos Estados Unidos. Em 2016, as dívidas aumentaram para US$ 1,3 bilhão, e a graduação média da turma de 2016 deve US$ 37.172 em empréstimos estudantis, um aumento de 6% em relação ao ano anterior.

De acordo com o National Center for Education (NCES), no ano letivo 2016-2017, as faculdades devem conceder 1.018.000 diplomas de graduação (*associates degrees*, no original), 1,9 milhão de diplomas de bacharelado, 798 mil de mestrado e 181 mil de doutorado. No ano acadêmico de 2014-2015, o NCES US relaciona o custo médio anual para mensalidades de graduação, taxas, alojamento e alimentação como sendo de US$ 16.188 em instituições públicas, US$ 41.970 em instituições privadas sem fins lucrativos e US$ 23.372 em instituições privadas com fins lucrativos.

Embora pais e alunos assumam esse fardo com base em sua renda futura esperada, não há garantia de que os estudantes concluirão o curso ou obterão um emprego bem remunerado após a formatura. Alguns de nossos netos que estudaram artes liberais e trabalham com jornalismo — que são mercados

DOMINANDO O DESAFIO DA EDUCAÇÃO • 203

reconhecidamente em baixa demanda hoje em dia — têm dois empregos e, mesmo assim, não ganham o suficiente para pagar o aluguel de um apartamento decente.

MOOC ou POOC

A digitalização não só possibilita a venda de mercadorias para as massas e por um preço baixo, como também permite que os consumidores personalizem os produtos que adquirem. No iTunes e em outras lojas de música on-line, você não precisa comprar um CD com todas as músicas de um determinado cantor; pode baixar faixas individuais para criar sua própria biblioteca de música personalizada, armazená-la na nuvem e reproduzi-la em seu smartphone. Você pode até criar seus próprios tênis. E, assim como a digitalização revolucionou vários setores de varejo, uma mudança fundamental está entrando no setor de educação. Em 2015, na Índia, com um número muito baixo de estudantes universitários, 591 startups de edtech foram fundadas (*Economic Times*, 9, 2016).

Os precursores surgidos em 2008 são as Escolas Virtuais Abertas ao Público (ou MOOCs, na sigla em inglês), vídeos educacionais que transmitem conhecimento ao redor do mundo em sequências curtas. Em vez de algumas centenas de alunos em um auditório, centenas de milhares podem acompanhar os seminários pela internet. Em todo o mundo, quase 35 milhões de alunos se inscreveram nesses cursos em 2015, mais do que o dobro dos 15 milhões de alunos de 2014 (relatório FICC-EY).

O Class-central (um agregador de MOOCs das principais universidades, incluindo Stanford, MIT e Harvard) publicou uma classificação das MOOCs mais populares. No topo da lista dos melhores novos cursos on-line gratuitos a partir de outubro de 2016 estava a Redação em Inglês da Arizona State University: Pesquisa e Escrita; o número três foi a KLC School of Design de Londres, com o curso "O Poder da Cor"; no nono lugar ficou a Universidade de Uppsala, da Suécia, com um curso "Resistência a Antibióticos: o Tsunami Silencioso"; e a Universidade Holandesa KU Leuven ocupa o décimo lugar, oferecendo "Aconselhamento sobre Bem-Estar Existencial: Uma Abordagem Experimental Centrada na Pessoa". Obviamente, cursos em disciplinas tradicionais também podem ser encontrados, como "Direito para não advogados: introdução ao direito", oferecido pela Monash University da Austrália.

A democratização da educação superior

Em dezembro de 2011, Sebastian Thrun, professor da Universidade de Stanford, e Peter Norvig, diretor do Google Research, enviaram um e-mail incentivando os destinatários a se inscreverem em ai-class.org para um curso gratuito de nível universitário sobre inteligência artificial:

> Este curso é a versão on-line do Stanford CS211 Introdução à Inteligência Artificial. Os alunos podem se inscrever e fazer este curso gratuitamente. Todos os alunos devem fazer as mesmas tarefas de lição de casa e provas e serão avaliados da mesma forma que os alunos de Stanford.

Em duas semanas, 50 mil pessoas se inscreveram, chegando a 160 mil, de 209 países, como Thrun e Norvig explicam em seu vídeo no udacity.com.

DOMINANDO O DESAFIO DA EDUCAÇÃO ▪ 205

As aulas gratuitas de informática, oferecidas em 2011, resultaram na fundação da Udacity (audaciosa para você, o aluno) em 2012, uma academia privada on-line com fins lucrativos, que agora se concentra cada vez mais no treinamento profissionalizante de trabalhadores, os quais podem ganhar nanocertificados em áreas específicas, incluindo Inteligência Artificial, Desenvolvedor de Realidade Virtual, Engenheiro de Automóveis Autônomos e Análise Preditiva para Negócios.

As promessas da Udacity Nanodegrees são para visualizar o trabalho perfeito, escolher o caminho certo, aproveitar as revisões imediatas de um serviço, feitas pelas equipes de projeto, conectar-se com instrutores, formar-se com credenciais reconhecidas por líderes do segmento e receber suporte de carreira. E, talvez o melhor de tudo, ao contrário da maioria das faculdades e universidades convencionais, a Udacity garante a seus alunos um emprego depois da formatura.

Acabando com a distância entre o que é ensinado nas universidades e o que é necessário no mundo corporativo

E mesmo assim, apesar de todo o progresso e das promessas das MOOCs, elas têm um problema significativo. De acordo com um estudo da Universidade de Harvard, em média, apenas 5% a 7% dos alunos concluem os cursos em que se inscrevem. Além disso, são cada vez mais levantadas questões sobre resultados de aprendizagem, avaliações e sobre se os cursos realmente atendem às necessidades dos alunos.

A solução vem com os POOCs, na sigla em inglês — Cursos On-line Abertos Personalizados. A personalização é a chave para fornecer aprendizado por meio de um modelo MOOC. Facilita a aprendizagem sem comprometer a interação entre colegas ou com professores e possíveis mentores, cuja falta é uma forte desvantagem das MOOCs, nos quais a aprendizagem se dá em larga escala. O POOC pode vincular a aprendizagem às indústrias por meio de estágios e envolvendo supervisores de empresas no processo de aprendizagem.

Em uma de nossas muitas viagens a Alemanha, conhecemos Stephan Sachse, CEO da Datenlotsen, uma empresa que fornece soluções de tecnologia inovadoras e tem parceria com mais de uma centena de universidades e instituições de ensino para desenvolver e fornecer suporte digital. Sachse destaca a importância de envolver o mundo corporativo:

> O caminho de um aluno para a indústria certamente não é mais unidirecional. Dada a crescente escassez de especialistas qualificados, as indústrias estão começando a aplicar novos métodos para cooptar pessoal qualificado. A ferramenta é uma rede digital de relacionamentos. Ela permite que as empresas apoiem ativamente os alunos desde o momento em que se matriculam e dá acesso a conselhos sobre como se especializar desde o início.
>
> A digitalização da educação ainda está em sua infância, mas atinge milhões de pessoas de uma geração que cresceu com dispositivos móveis, mídias sociais e conteúdo digital e que se adapta; eles conceituam e compartilham com extrema rapidez. Isso apoia modelos de negócios disruptivos na educação, que substituem tecnologias, produtos ou serviços existentes.

O acesso a programas de aprendizagem cooperativa, baseados em competências, por meio de qualquer dispositivo inteligente, em qualquer lugar, a qualquer momento, desde que a pessoa esteja conectada à internet, abre uma porta para milhões de pessoas excluídas por razões sociais, financeiras ou geográficas.

Conectando um mundo de aprendizagem

O Relatório do Estado da Conectividade 2015 do Facebook mostrou que, no final de 2015, 3,2 bilhões de pessoas estavam conectadas à internet, o que foi atribuído a uma maior acessibilidade financeira e viabilidade. Os smartphones e tablets estão ajudando alunos e professores a ter acesso a conteúdo digital e são ferramentas essenciais para melhorar o aprendizado.

A aprendizagem foi e deve permanecer como um processo social. Universidades on-line conectam alunos — americanos com chineses, brasileiros com coreanos e assim por diante. Os alunos podem trabalhar juntos por e-mail, mensagens de texto, chat e serviços de videoconferência, como o Skype, e ajudar uns aos outros 24 horas por dia, sete dias por semana. Em todo o mundo, alguém está sempre on-line e pode responder a perguntas. Este é um serviço que nenhum professor universitário pode oferecer. A avaliação por pares permite que ela seja feita por outros alunos, o que mostra uma equivalência surpreendente com a avaliação dos professores e apoia o engajamento ativo. As universidades devem desenvolver estratégias para a digitalização da educação. Os governos devem aprovar leis para proteger o conteúdo dos cursos on-line e adaptar as condições legais para seu uso em escolas de ensino médio.

O lugar para investir não é na educação de massa impessoal e sim, na educação on-line personalizada.

CAPÍTULO OITO

Dominando a comunicação em massa e as questões que ela levanta

A comunicação de massa é a transmissão ou a troca de informações para grandes segmentos da população ao mesmo tempo. Mais do que qualquer outra tecnologia, a internet tornou a comunicação de massa onipresente e foi a força mais poderosa a promover a transição da era industrial para a era da informação. Hoje, organizações e indivíduos em todo o mundo podem transmitir mensagens para as massas e se comunicar uns com os outros em tempo real.

É óbvio que acompanhar esse enorme poder é um desafio — principalmente para manter a capacidade de pensar por si mesmo em meio a uma avalanche de informações. Ainda mais quando as informações e as opiniões podem ser enganosas ou ter o potencial de desencadear ações contraproducentes ou mesmo perigosas. Neste capítulo, nós explicamos como e o encorajamos a proteger sua mente e seus mindsets em meio a informações incorretas e mensagens enganosas.

Vencendo o pensamento dominante e os mindsets obsoletos

Já escrevemos neste livro que, de um jeito ou de outro, somos "criaturas de hábitos". Além disso, seguimos uma espécie de instinto de rebanho, que está no centro da histeria coletiva e da mentalidade de bando e que pode nos induzir a maus julgamentos, quer estejamos tomando decisões financeiras, quer deliberando se participaremos de um protesto contra alguma política de governo. Caímos na armadilha de acreditar que a maioria não pode estar errada.

Por natureza, o pensamento dominante é fadado à inércia e à demora a se adaptar. Já foi provado inúmeras vezes que tanto as maiorias como as pessoas influentes podem errar muito feio. E é preciso ter coragem para se levantar contra as opiniões populares.

Hoje não é tão perigoso se opor a uma doutrina quanto foi para Nicolau Copérnico no século XVI. Quando ele se opôs à crença numa visão de mundo geocêntrica (que considerava a Terra como centro do universo) e a contradisse com o heliocentrismo (que tem o Sol como centro do sistema solar), Copérnico confrontou a organização mais poderosa de sua época: a Igreja Católica.

Houve poucos momentos na história em que mudar uma visão de mundo chacoalhou não só o universo científico, como também as leis eclesiásticas e mundanas. Para a maioria das pessoas, não se trata de questionar as leis da astronomia, da física ou da matemática. É questionar o cardápio das opiniões dominantes, que são fruto do espírito do nosso tempo, e que nos são servidas em vários meios de comunicação por organizações e indivíduos que clamam por atenção e suporte.

Estruturas, ordens e caminhos mentais

Confiamos em rotinas para estruturar nossas vidas e dar ordem ao que poderia ser uma existência caótica. Estamos acostumados a pensar a partir de padrões adquiridos e internalizados ao longo da vida e, como sabemos, nosso cérebro é um órgão que favorece os hábitos. De maneira bem simplificada, ao longo do tempo, o cérebro humano criou um sistema de caminhos mentais no qual os pensamentos se desencadeiam mais confortavelmente em vias pavimentadas, tornando o cérebro vulnerável a manipulações.

Os estudos mostram que, se uma história ou opinião é repetida o suficiente, a maioria das pessoas acredita em sua veracidade e exatidão. E agora, mais do que nunca, os sistemas de comunicação facilitam a repetição de histórias e opiniões que direcionam o pensamento dominante. Como consequência, equívocos potencialmente danosos dominaram a forma de pensar convencional, não só entre alguns grupos periféricos, como também na grande mídia. Erros como dizer que os Estados Unidos são o maior país do mundo, que a população chinesa é oprimida e que o Ocidente é o único a promover progresso.

Não é de admirar que nosso ponto de partida seja comumente a opinião dominante. Ela se baseia em uma forte inércia, que é um grande obstáculo quando se trata de explorar as oportunidades numa época de grandes mudanças. Além da dinâmica geral do pensamento dominante, o nosso próprio fluxo de pensamento é parte do jogo. Em seu livro *Sobre a felicidade — Uma viagem filosófica*, o sociólogo e filósofo francês Frédéric Lenoir descreve as várias maneiras pelas quais uma pessoa pode enxergar a mesma situação:

Ao olhar uma bela paisagem, um empresário visualizará a possível localização do seu novo empreendimento, um namorado se imaginará caminhando com seu par, uma pessoa feliz apreciará as graciosas colinas, as cores e a harmonia; já alguém mais depressivo olhará as folhas que caem, atento à finitude de todas as coisas.

Os pensamentos e as crenças, somados às nossas emoções, delineiam nossa relação com o mundo. Antigamente, os humanos já eram divididos entre otimistas e pessimistas. Nossas pré-disposições básicas ainda têm uma grande influência na forma como vemos o mundo e agimos nele. Os otimistas enxergam oportunidades para aproveitar. Os pessimistas veem problemas para resolver.

Libertando-se de mindsets dominantes

Na teoria, não demora muito para aceitarmos essa afirmação. No entanto, quando olhamos para as mudanças geopolíticas ou para os desdobramentos econômicos, assim que a nova direção se choca com as nossas preferências pessoais, sentimos uma resistência interna. E, quanto mais envolvidas estiverem nossas emoções, mais difícil será encarar os fatos como são. Aceitar os fatos não é o suficiente para dominar as megatendências. Porque, quando diferentes emoções se chocam, a tendência é a razão desaparecer. Precisamos de mindsets que nos ajudem a entender o espírito da mudança que conseguimos ver.

Por outro lado, hoje somos muito direcionados por um pensamento quantitativo excessivamente racional. Compreendemos tudo que pode ser medido. Nós nos agarramos à

DOMINANDO A COMUNICAÇÃO EM MASSA E AS QUESTÕES QUE ELA LEVANTA • 213

matemática, à tecnologia e prontamente aceitamos e implantamos os frutos do progresso nesses campos, mas com frequência negligenciamos a imaginação, a criatividade e a intuição necessárias para interpretá-los e ampliá-los.

A diferença entre ver e agir

Às vezes, parece ser mais fácil usar a criatividade para negar a mudança do que para enxergar como podemos nos beneficiar dela. Existe uma diferença crucial entre ter um conhecimento e usá-lo. Um bom exemplo da distância entre o que sabemos e o que fazemos é a educação. Apesar da crescente conscientização sobre a necessidade urgente de reformas, a maioria dos nossos sistemas educacionais ainda se baseia em aprendizado mecânico e recitação. Reconhecemos os fatos mas paramos aí, não agimos. Os grupos de interesse se apressam para defender conquistas antigas.

Falhamos em separar um tempo para analisar de longe os problemas e as situações, para nos desligarmos de uma visão egocêntrica e para decidirmos objetivamente o que realmente precisa ser feito. Nosso eu interior não consegue resistir ao ritmo da mudança, pois o barulho ensurdecedor da transformação do mundo exterior desafia as antigas percepções e crenças do nosso mundo interior.

Nos piores casos, a inabilidade para se adaptar à mudança leva a abandonar responsabilidades e a ter que confiar nas decisões de outras pessoas. A incerteza quanto ao que fazer está dando espaço para o extremismo político e religioso. Os flautistas do nosso tempo nos seduzem com promessas inalcançáveis, e muitas pessoas caem em seu jogo. O mundo que vemos adiante não é ameaçador. Ele traz todas as oportunidades que as grandes mudanças oferecem. A liberdade e a escolha vêm com uma maior responsabilidade pessoal. Em grande medida, somos responsáveis pelas nossas vidas. Podemos reclamar das circunstâncias, mas isso não nos levará a lugar algum.

Nos próximos capítulos, descreveremos os atores e as forças, assim como os perigos e obstáculos à nossa frente. Você pode usar nossa orientação como um roteiro que lhe ajudará a fazer sua própria interpretação em vez de ser controlado externamente pelas demandas crescentes e pelo pensamento dominante. Nossas observações são o resultado de pesquisas baseadas em análise de conteúdo e experiência. E não têm a ver com o que desejamos, gostamos ou deixamos de gostar, mas com o que estamos vendo se desenrolar. Para começar na frente, você precisa não apenas estar familiarizado com o desenvolvimento das megatendências, como também desenvolver e nutrir um mindset que o ajude a dominá-las.

As megatendências são, por natureza, fenômenos que se desdobram em um período no qual algo velho é substituído por algo novo. Dominá-las requer estar aberto para aceitar as transformações e pronto para mudar a direção. Para se beneficiar de uma nova megatendência, você não pode esperar até que as tendências se manifestem, e deve lembrar que elas podem estar em consonância com as opiniões populares ou não. Quanto mais distante elas estiverem do pensamento dominante, mais difícil será aceitá-las e mudar de direção. Porque, quer estejamos cientes disso ou não, estamos cercados pela grande mídia e pelo pensamento dominante. Estamos flutuando em um rio tranquilo, embalados pelo conforto que ele nos oferece.

Esse conforto e essa complacência reforçam ainda mais a nossa tendência de buscar informações que confirmem e

DOMINANDO A COMUNICAÇÃO EM MASSA E AS QUESTÕES QUE ELA LEVANTA • 215

fortaleçam nossas opiniões e, assim, acabam impedindo que abracemos as transformações necessárias. Assim que algo destoa da nossa visão de mundo ou de como vivemos, nossa tendência é ignorá-lo ou descartá-lo, preferindo permanecer na nossa zona de conforto em vez de nadar contra a maré, aventurar-se nas incertezas ou transformar os mindsets obsoletos e as crenças instituídas.

Às vezes, não percebemos o quanto a grande mídia nos influencia na criação da nossa zona de conforto, porque a maior parte dos meios de comunicação trabalha dentro da estrutura do pensamento dominante. Essa é a tendência global, extremamente fácil de seguir. Analisemos a Reuters, a agência internacional de notícias, que cobre eventos do mundo todo; depois, dê uma olhada nas agências de notícias do seu país. Num primeiro momento, você verá as agências internacionais de notícias, seguidas da imprensa nacional, reproduzindo uma notícia exaustivamente e, com frequência, usando praticamente as mesmas palavras. Isso é repetido vezes o suficiente, a ponto de as pessoas acreditarem na notícia e a aceitarem, independentemente da falta de contexto ou mesmo de essa ser verdadeira.

Nem todos os meios de comunicação investem na qualidade da notícia, e a maioria das pessoas não investiga fontes

A maior parte dos principais noticiários utiliza uma ferramenta poderosíssima: o medo. Tudo começa com a necessidade de encher os canais de notícias com conteúdo sensacionalista 24 horas por dia. Não surpreende que jornais e revistas estejam em dificuldades ao competir com o imediatismo e o fascínio das mídias on-line e das redes sociais. Pois, para aqueles, quanto

216 • DOMINANDO AS MEGATENDÊNCIAS

mais revoltante for a notícia, mais atenção ela atrairá — além de serem normalmente impulsionados pela crença de que apenas notícias ruins são notícia. Muitas matérias, de um jeito ou de outro, alimentam o medo de recessão econômica, colapso financeiro, crise de refugiados, imigração descontrolada, crimes e todo tipo de questão perturbadora.

Tente encontrar notícias que fortaleçam a esperança e o otimismo, que sejam positivas e animadoras em vez de destiladoras de medo. Quer você assista a algum dos muitos canais internacionais, como CCTV, KBS, MBC, SBS, CNN, FOX, quer assista a canais nacionais ou leia jornais internacionais, como *China Daily, Global Times, Guangzhou Daily, Reference News, Chosun, Tistory, Kyunghyang, Shinmun, Washington Post, New York Times, Financial Times*, ou jornais locais, as informações ali disponíveis já foram filtradas. Essa filtragem não é necessariamente um erro, mas é certamente questionável quando privilegia um lado da história e negligencia os outros. Ou, ainda, quando apresenta um episódio ou assunto controverso para influenciar a opinião da audiência.

Omitir um detalhe pode mudar a mensagem

Apresento-lhe um exemplo típico, apesar de pequeno: alguns meses depois do baque do Brexit, em 9 de agosto de 2016, o *ntv.de* (site alemão de notícias) noticiou que o DAX (o índice alemão das ações mais valorizadas da bolsa) cruzara a linha de 10.700 pontos, uma recuperação da baixa das 52 semanas (8.699 pontos); mas, ainda assim, abaixo de 10% da alta no mesmo período, 11.561, e da maior alta de todos os tempos, 12.374, em 4 de abril de 2015.

Comentava-se que, enquanto o DAX estivesse subindo, o DOW (índice americano das ações industriais da bolsa) não

DOMINANDO A COMUNICAÇÃO EM MASSA E AS QUESTÕES QUE ELA LEVANTA • 217

acompanharia o ritmo. Isso fazia o leitor pensar que, enquanto o DAX já tinha se recuperado da sua baixa, o DOW precisava alcançá-lo, quando, na verdade, o DOW já havia atingido sua maior alta de todos os tempos, 18.622, e se recuperado de sua baixa de 15.370, do período de 52 semanas, superando significativamente o DAX no mesmo período.

Estamos acostumados com reviravoltas desse tipo, e é mais fácil se manter nessa estrutura do que questioná-la. No entanto, para ter uma ideia mais realista do que está realmente acontecendo no mundo, você precisa ler profusamente e permanecer cético.

Até jornais locais precisam de mindsets globais

Em 2017, a Europa celebrou o 500º aniversário do dia em que Martinho Lutero pregou as 95 teses na porta da Igreja de Wittenberg. As palavras de Lutero, "A injustiça em um lugar é uma ameaça à justiça em todos os lugares... O que afeta a um diretamente, afeta a todos indiretamente", podiam ter sido escritas hoje e, com certeza, são mais relevantes no mundo atual, onde países ao redor do globo estão mais conectados e interdependentes do que nunca.

Uma convulsão social no norte da África leva a uma crise imigratória na Europa. Um colapso no setor imobiliário norte-americano ameaça a economia mundial. Um tsunami atinge a costa do Japão e destrói uma usina nuclear, liberando radiação que pode ser detectada na costa dos Estados Unidos e iniciando a eliminação gradativa da energia nuclear na Alemanha.

Uma epidemia de ebola na África ocidental ameaça se espalhar pelo mundo. Todo e qualquer meio de comunicação, seja local, nacional ou internacional, precisa ao menos considerar o contexto global dos eventos, especialmente em suas considerações.

Um dos nossos jornais favoritos é o *New York Times*. Na tentativa de compreender as necessidades dos seus leitores, a publicação conduziu uma pesquisa que obteve o seguinte resultado:

> Descobrimos que agora, mais do que nunca, vocês não leem o *New York Times* (que ironicamente acabou de voltar ao seu nome original, tendo sido chamado *International New York Times* por anos) pelas últimas manchetes, mas para ajudá-los a compreender um mundo complexo... e entendemos que agora, mais do que nunca, vocês precisam de um jornal com um mindset global.

Novas flautas mágicas na política

Muitas pessoas leem o jornal do dia e assistem aos canais de notícias na TV para conseguir o máximo de informação possível. Mas, ao mesmo tempo, muitos jovens da chamada geração millenial (que alcançaram a vida adulta por volta do ano 2000) mantêm um círculo social com pessoas que pensam igual a eles.

Como escrevemos antes, eles preferem transitar por uma bolha que concorda com suas opiniões, ideologias e visões de mundo, onde suas ideias e crenças são amplificadas e fortalecidas. Redes sociais como Twitter, Facebook, Instagram, WeChat, Weibo e Cyworld são os veículos de quem pensa igual. As campanhas políticas e os pronunciamentos dos

DOMINANDO A COMUNICAÇÃO EM MASSA E AS QUESTÕES QUE ELA LEVANTA ▪ 219

candidatos e dos seus apoiadores são bons exemplos de confirmação emocional instantânea e constante, em vez de seus seguidores particulares basearem suas opiniões em fatos. Não importa quantas das afirmações se provem falsas; as barreiras emocionais se sobrepõem aos fatos.

Ao longo da história, políticos e líderes abençoados com carisma e eloquência conseguiram conquistar o coração e os votos do povo, mesmo que suas intenções não fossem tão boas quanto parecessem. Oradores habilidosos conseguem fascinar. Mas, independentemente de os políticos e líderes serem honestos ou calculistas, precisamos das palavras faladas e escritas de jornalistas que tenham integridade para apresentar os fatos. Não temos mais tempo.

Hoje, os eleitores que já não se deixam levar por promessas são alvo de uma nova flauta mágica que os flautistas da política descobriram. Esse processo começou silenciosamente em 1950, quando Alan Turing, um norte-americano pioneiro em ciências da computação, matemático e criptoanalista publicou um trabalho que começava com as seguintes palavras: "Proponho considerarmos a questão: as máquinas podem pensar?"

O poder manipulador dos algoritmos

Até 2016, as máquinas não podiam pensar. Até hoje, a consciência é um território dos seres humanos. Mas os algoritmos levaram as máquinas ao ponto de imitarem o comportamento humano. Isso não traz consigo apenas benefícios, como também inúmeras oportunidades de manipular as mentes e influenciar a opinião pública.

Os bots (softwares robôs) estão trabalhando. Os bots sociais são algoritmos de computador que criam contas de usuários em sites de redes sociais, gerando e postando conteúdo automaticamente, inflando os números de seguidores artificialmente e com a habilidade de interagir com as pessoas nas redes sociais. Alguns bots são úteis, como os que automaticamente agregam conteúdo de várias fontes ou criam respostas automáticas às perguntas feitas nos canais de atendimento ao consumidor. As ferramentas de pesquisa utilizam bots para automatizar a indexação de conteúdo da web. A mesma tecnologia se torna prejudicial quando aplicada com intuitos de desinformação e enganação.

Os bots podem ser mal usados nos negócios quando elogiam um péssimo hotel ou destroem a reputação de um concorrente ao postar falsas informações sobre ele. O fato preocupante é que não existe nova tecnologia que não traga consigo o risco de uso inadequado. Mas alguns bots são desenvolvidos e usados com propósitos ainda mais nefastos.

O lado perigoso dos bots sociais

A tecnologia por trás dos bots sociais e seus muitos usos são intrigantes. O problema é que muitos países estão usando bots como máquinas de propaganda para influenciar a opinião pública. Certos governos usam bots para abafar as vozes da oposição, e os políticos, para difamar seus oponentes, fazendo as calúnias parecerem verídicas.

Os perigos dos bots sociais na desestabilização dos mercados e da política estão ficando cada vez mais evidente. Os bots estiveram pelo menos parcialmente envolvidos em um golpe envolvendo a Cynk Technology, uma empresa sem funcionários, sem ativos e sem faturamento, que conseguiu atingir um valor de mercado de mais de US$ 6 bilhões em Belize, um país onde nenhuma empresa vale tanto dinheiro assim [Mais informações no site em inglês: http://www.bloomberg.com/news/articles/2014-07-24/cynk-the-6-billion-penny-stock--debacle-stretches-from-belize-to-las-vegas].

As ações da Cynk começaram a ser negociadas em junho de 2013 e, por algum tempo, foram vendidas por alguns centavos por ação. Em junho de 2014, o preço de suas ações saltou 3.650%, indo de US$ 0,06 para US$ 2,25 e continuou subindo. Num primeiro momento, foi alvo de burburinhos sobre ações de baixo custo e depois, de blogs de finanças mais perspicazes. O preço das ações acabou subindo 36.000%, para mais de US$ 6 mil por ação, antes de cair, deixando muitos traders de ações de baixo custo sem um tostão. Até os analistas reconhecerem a fraude e suspenderem a negociação das ações; não havia mais lucro, e as perdas se tornaram reais.

De acordo com um artigo da *MIT Technology Review* [Mais informações no site em inglês: https://www.technologyreview.com/s/535901/fake-persuaders/]: "tuítes automatizados faziam parte de um golpe que inflou o valor da empresa de tecnologia Cynk, com ações de baixo custo, para US$ 5 bilhões em apenas alguns dias." Mas talvez, neste caso, tenham sido os algoritmos de negociação automática os principais responsáveis por elevar o preço das ações de forma tão rápida e considerável [Mais informações no site em inglês: http://cacm.acm.org/magazines/2016/7/204021-the-rise-of-social--bots/fulltext].

A espantosa repetição de opiniões

Em 23 de abril de 2013, o Exército Eletrônico Sírio (um grupo de hacktivistas, apoiado pelo governo sírio, que apareceu pela primeira vez em 2011) sequestrou a conta do Twitter da Associated Press e postou um boato falso sobre um ataque terrorista à Casa Branca, no qual o presidente Obama teria sido supostamente ferido. O site oficial do procurador-geral adjunto do Departamento de Justiça dos Estados Unidos, JohnCarlin, foi citado pelo *Business Insider*, em 22 de março de 2016:

> O Exército Eletrônico Sírio afirma publicamente que suas atividades de hacking são conduzidas em apoio ao conturbado regime do presidente sírio, Bashar al-Assad. Embora parte das suas atividades visasse prejudicar a segurança econômica e nacional dos Estados Unidos em nome da Síria, essas acusações detalhadas revelam que os seus membros também usaram de extorsão para tentar encher os próprios bolsos à custa de pessoas que cumprem a lei em todo o mundo. As acusações na sua denúncia demonstram que a linha entre os crimes dos hackers comuns e os que apresentam ameaça potencial à segurança nacional está cada vez mais tênue.

O Twitter reconheceu que 23 milhões de contas ativas são, na verdade, de bots, representando cerca de 14% de sua base de usuários. Os bots podem aumentar artificialmente o apoio a candidatos políticos. Isso já foi posto em prática nos Estados Unidos, durante as eleições legislativas que aconteceram na metade do mandato presidencial, em 2010. Naquela ocasião, os bots sociais foram usados para apoiar alguns candidatos e difamar seus oponentes, postando milhares de tuítes com links que levavam para sites com notícias falsas. Em um projeto de Propaganda Computacional, a Corvinus University Oxford examinou 19,4 milhões de tuítes publicados entre os dias 1º e 9 de novembro. O estudo concluiu que os bots do Twitter representaram quase 25% de todas as postagens que incluíam hashtags relacionadas à eleição nos Estados Unidos:

> O uso de contas automatizadas foi deliberado e estratégico durante a eleição, mais claramente entre os ativistas e programadores pró-Trump, que ajustaram cuidadosamente o tempo da produção de conteúdo durante os debates, derrubando estrategicamente as hashtags pró-Clinton e, em seguida, desativaram as atividades automatizadas após a eleição.

O Twitter rejeitou a ideia de que a propaganda automatizada tenha influenciado os eleitores. Ele permite postagens automáticas, mas desativa contas que enviam spam. [Mais informações no site em inglês: https://www.bloomberg.com/news/articles/2016-11-17/trump-s-twitter-bots-turned-out-on--election-day]

O candidato ao PhD da Universidade de Washington Samuel Woolley e sua equipe registraram mais de mil casos de bots usados para influenciar eleições, inchar contas de seguidores ou espalhar propaganda durante crises políticas. Os governos e os políticos estão usando bots como forma de espalhar propaganda política. Um deles foi o presidente do México, Enrique Pena Nieto, que se tornou o presidente mais impopular daquele país nos últimos 25 anos. Seus bots, chamados de "Penabots", foram usados para espalhar propaganda a seu favor, envolver-se em campanhas de difamação e em esforços de manifestações de ativistas. [Mais informações no site em inglês: http://www.businessinsider.com/political-bots-by--governments-around-the-world-2015-12?IR=T/#turkey-2]

Para muitas pessoas que não são ativas nas redes sociais, isso pode soar como ficção, mas esses usos antiéticos de bots sociais se tornaram uma prática comum na política.

Os fatos não quebram as paredes das câmaras de eco ideológicas

Na maioria dos casos, aproveitar o poder do Instagram não está relacionado a mudar e influenciar opiniões, mas a impulsionar vendas. Em 12 de dezembro de 2012, a cantora norte-americana Beyoncé escolheu promover seu novo álbum anunciando seu lançamento via Instagram. Isso resultou em uma venda recorde de seiscentos mil cópias em apenas dois dias.

Infelizmente, as redes sociais também facilitam a disseminação de propaganda política, o surgimento de problemas e até mesmo desencadeiam histeria em massa. E nem é preciso muito dinheiro para comprar esses multiplicadores e construir uma câmara de eco que impeça os fatos de superarem os ruídos. O Instagram cobra US$ 99 por 20 mil contas de usuário, e o Twitter oferece 25 mil contas por US$ 145. Pelo poder de influenciar os eleitores, os consumidores ou a confiança do mercado, não é um valor exorbitante. É fácil contratar agências especializadas em publicações automáticas, contas comerciais, temas de postagem, difamação de concorrentes ou elogio de produtos. Os bots sociais estão se tornando formadores de opinião e vêm sendo contratados para influenciar decisões fundamentais em nossas vidas.

Páginas duvidosas e postagens pagas estão construindo formas sutis de propaganda, todas visando apelar às emoções das pessoas para influenciar suas opiniões sobre determinados assuntos. As informações trocadas apenas entre bots e indivíduos que estão confusos ou que têm ideias semelhantes criam uma imagem distorcida da realidade. "Imprensa mentirosa" se tornou um jargão pejorativo nos movimentos políticos alemães, mas não se limita à Alemanha. Donald Trump tuitou em maio de 2016: "Não acredite na mídia falsa e tendenciosa que anda citando pessoas que trabalham para minha campanha. As únicas citações que importam são as minhas!"

Há algo de errado em um sistema quando se torna necessário defender a diversidade de fontes para a formação de opinião. Ficamos assombrados com o volume e a velocidade das informações, e pode ser extremamente difícil dominar a impressionante variedade de teorias, perspectivas, crenças e opiniões, especialmente quando a desinformação aumenta o tumulto. Embora os cientistas políticos estimem que as câmaras de eco e as redes de bots sejam incapazes de influenciar as massas, acredita-se que o alcance de sua influência esteja entre 1% e 2%. Em um processo acirrado de tomada de decisão, esses números podem ser o suficiente para virar o jogo.

Mas, como conta a história, as maiorias também erraram terrivelmente.

A maioria nem sempre está certa

Nós, os autores deste livro, crescemos em democracias ocidentais e valorizamos a liberdade de expressão, o direito de decisão e a possibilidade de mudança de rumo. Mas são necessários dois grupos para que isso funcione: políticos responsáveis e bem-informados e eleitores idem. Infelizmente, ambos estão em falta. Para ganhar as eleições, políticos muitas vezes se sentem compelidos a engodar o eleitorado em vez de fazer o que é melhor para o país. Ao mesmo tempo, muitos eleitores estão mais preocupados com os efeitos, em um prazo relativamente curto, que certas políticas terão em suas vidas, principalmente quando se trata dos gastos destinados aos programas de garantia de direitos. Para atrair o maior número possível de eleitores, os políticos e os governos prometem benefícios inovadores. No entanto, ao serem eleitos, só poderão cumprir suas promessas se aumentarem a dívida pública. Muitos eleitores parecem despreocupados com isso, desde que não tenham que pagar a conta. Não obstante, as gerações futuras herdarão o problema.

A previdência social foi uma grande conquista, mas será difícil de manter se o número de pessoas que recebem benefícios do Estado for maior do que o número daqueles que contribuem. O problema se aprofunda à medida que mais refugiados e exilados carentes de educação e serviços sociais chegam a um país.

Há muito tempo, Abraham Lincoln, 16° presidente dos Estados Unidos, aconselhou-nos com suas palavras:

> Você não pode ajudar homens pequenos derrubando homens grandes.
>
> Você não pode fortalecer o fraco enfraquecendo o forte.
>
> Você não pode fazer prosperar o assalariado puxando para baixo quem o paga.
>
> Você não pode evitar problemas gastando mais do que recebe.
>
> Você não pode garantir segurança com dinheiro emprestado.
>
> Você não pode criar caráter e coragem tirando a iniciativa e a independência do homem.

DOMINANDO A COMUNICAÇÃO EM MASSA E AS QUESTÕES QUE ELA LEVANTA • 227

Como as pessoas reagiriam hoje se um presidente dos Estados Unidos as citasse em seu discurso de posse, como John F. Kennedy fez em 1961 sugerindo "não perguntar o que seu país pode fazer por você, mas perguntar o que você pode fazer por seu país"?

Se olharmos para o crescimento econômico do ocidente desde a virada do milênio, não podemos afirmar que os processos políticos de tomada de decisão produziram os resultados mais positivos.

É difícil defender a afirmação de que o crescimento econômico é a interação da economia de mercado com a democracia com base nas evidências das últimas décadas. Mas, por mais que os idealistas tenham se tornado raros entre os políticos, os cidadãos também parecem pouco dispostos a fazerem os sacrifícios necessários para colocar o país no caminho certo. Vangloriar-se de usar os benefícios sociais ao máximo, de reduzir as obrigações fiscais e de manipular o sistema de outras maneiras tornou-se socialmente aceitável.

Muitas vezes, o politicamente correto anula a sensatez e costuma ser usado para desviar a atenção de questões que contam muito mais no combate à discriminação do que simplesmente mudar as palavras que usamos.

A solução: repito, educação

As estações de rádio descobriram um instrumento de diversão para seus ouvintes — rir da ignorância dos outros, fazendo às pessoas perguntas como: quanto tempo durou a Guerra dos Trinta Anos? Ou: qual era a profissão do presidente George W. Bush? Embora, é claro, todos os ouvintes tivessem gritado a resposta correta, os entrevistados titubearam.

Como surgem o dia e a noite? Os alunos austríacos do ensino médio achavam que sabiam a resposta: "É a Terra girando em torno do Sol". Pessoalmente, apreciaríamos essa mudança cósmica e celebraríamos o novo dia de 8.760 horas!

O que, à primeira vista, parece ser um problema do sistema educacional, no contexto mais amplo é um problema para a democracia. Se um número significativo de cidadãos não é capaz de entender correlações simples, como podem tomar decisões sobre assuntos muito mais complexos sobre o futuro de seu país? Embora as celebridades do rádio possam facilmente filtrar as respostas para decidir como responder, é um fato triste que os níveis de educação nos países ocidentais estejam em declínio. A educação não é apenas o motor mais forte e sustentável do progresso econômico; ela é um requisito básico na democracia ocidental, na qual o povo é o soberano.

"Na democracia, a ignorância de um eleitor prejudica a segurança de todos" — John F. Kennedy

A capacidade de ler, processar e compreender o significado de um texto é essencial para que a democracia sobreviva e prospere. Embora os eleitores não estabeleçam políticas, eles elegem aqueles que as fazem, e essas decisões políticas determinam a direção geral do país. Quando os cidadãos norte-americanos votam para eleger o presidente, os senadores e representantes no Congresso, estão votando indiretamente na futura arquitetura financeira do país — se o país funcionará mais alinhado com o capitalismo ou com o socialismo, se o Estado deve fazer mais ou menos ou ser maior ou menor, se o Acordo de Parceria Transatlântica de Comércio e Investimento (TTIP) e o Acordo Econômico e Comercial Global (CETA) tenderão a ser melhores ou piores para a economia do país — junto com uma série de outras questões, incluindo a previdência social, a saúde, o direito ao aborto, o casamento gay e a defesa nacional.

Julgamos por meio de quais lentes? Votamos no que é melhor para nós pessoalmente ou no que achamos que será melhor para o país ou para o mundo como um todo? Como avaliamos os interesses de longo prazo e os de curto prazo? Qual é a importância da integridade e da credibilidade de um candidato? Os critérios que consideramos e a maneira como os usamos para escolher candidatos são essencialmente produtos da nossa educação e experiência. Poder ler e compreender bem textos melhora nossa capacidade de reunir as informações de que precisamos, desenvolver os critérios que usamos e tirar conclusões fundamentadas.

No entanto, mesmo os eleitores mais objetivos podem cometer erros graves de julgamento se receberem informações falsas ou enganosas. Como obter dados neutros? Como avaliar se as informações são tendenciosas ou mesmo detectar possíveis vieses para saber como questioná-las? Conseguir uma imagem clara e precisa é absurdamente difícil, ainda mais considerando o fato de que qualquer informação que recebemos de terceiros, de alguma forma, tem algum nível de filtragem. Antes de usarmos os dados para fazer julgamentos, precisamos avaliar sua validade.

Para evitar a possibilidade de a ignorância em massa arruinar um país e para proteger os direitos daqueles que têm opiniões minoritárias, existem várias formas de democracia representativa. Elegemos parlamentos e políticos para nos representar em questões e decisões importantes para o país como um todo, mas é difícil avaliá-los considerando o nível geral de informação que as pessoas costumam ter. Porém, para decidir quem representará o povo na tomada de tais decisões, os cidadãos precisam ser capazes de fazer julgamentos razoáveis ao votar. E, para fazer tais julgamentos, precisamos de uma base sólida, que seja essencialmente um produto de nossa educação.

Se os eleitores têm problemas para ler e compreender o texto escrito de um discurso eleitoral, quão mais difícil lhes será analisar o conteúdo quando as palavras forem faladas? Ao ler, eles podem diminuir o ritmo, parar e refletir sobre uma expressão ou reler expressões difíceis de compreender. Ao ouvir um discurso, eles não têm essas opções. Quanto mais baixo o nível de instrução, maior o perigo de tomar decisões erradas das quais nos arrependeremos depois. Confúcio relacionou o conhecimento ao valor da sabedoria:

> Podemos aprender a ter sabedoria a partir de três métodos: primeiro, pela reflexão, que é o mais nobre; segundo, pela imitação, que é o mais fácil; terceiro, pela experiência, que é o mais amargo.

CAPÍTULO NOVE

Dominando uma nova ordem comercial

De acordo com a Organização Mundial do Comércio (OMC), o total de mercadorias comercializadas globalmente em 2015 chegou a US$ 16,5 trilhões. Qual será o impacto das novas rotas comerciais, que envolverão 65% da população mundial e cerca de um terço do PIB mundial? Essa é uma pergunta que os governos e as empresas de todos os países precisarão responder no futuro próximo, porque essa nova rota comercial está sendo construída e dará início a uma nova ordem de comércio mundial. Tudo isso em um momento de desaceleração do comércio global, cujo crescimento anual de 7%, alcançado antes da crise financeira de 2008, caiu para 1,5% em 2015 e 2016.

A criação de uma megatendência

Muitos já ouviram falar deste projeto, mas poucos estão familiarizados com ele. Estamos falando sobre o projeto do século XXI da China, que será a marca do presidente Xi, a iniciativa "One Belt One Road" (às vezes referida como "um cinturão, uma rota"). Realizar um projeto tão imenso não é dominar uma megatendência, é criar uma.

Com conclusão prevista para 2025, a One Belt One Road (OBOR) se tornará um motor para o crescimento da China, atenderá à demanda dos países vizinhos em desenvolvimento e fornecerá infraestrutura para as regiões ao longo de suas rotas. O objetivo é criar uma rede eficiente e sustentável de rodovias, ferrovias e hidrovias entre a China, a Ásia, a Europa, a África e, em longo prazo, a América Latina (ver Figura 9.1). Uma das metas é reduzir o tempo de transporte dos bens de consumo a granel para a Europa, que incluirá pelo menos uma ferrovia de alta velocidade atingindo 320 km/h. A expectativa é de reduzir as viagens por via terrestre de Pequim a Londres para apenas dois dias, um trajeto que em 2016 levaria 15 dias.

Aqui estão cinco questões que o projeto levanta:

1. O que significa One Belt One Road?
2. Quais são suas raízes históricas?
3. Como será financiada?
4. Por que é quase certo que será bem-sucedida?
5. Por que é importante, em nível global, para os negócios?

Figura 9.1: O Cinturão Global do Sul

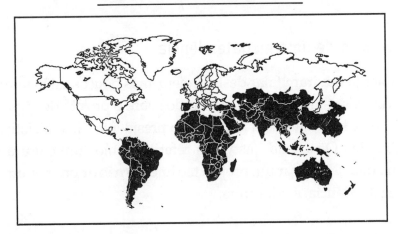

O que significa One Belt One Road?

One Belt One Road é o nome um pouco confuso para algo que abrange várias rotas comerciais na terra e no mar. À primeira vista, a One Belt One Road é um gigantesco projeto de infraestrutura que permitirá a atuação de empresas ao longo de suas várias rotas, com o potencial e a probabilidade de se tornar a maior plataforma de cooperação regional. A estratégia da China é "alinhar e coordenar o desenvolvimento dos países ao longo do Cinturão e da Rota, fomentar o potencial de mercado, promover o investimento e o consumo e criar demandas e oportunidades de emprego".

O "One Belt" (Cinturão), que abrange a Rota da Seda Marítima do século XXI, compreende duas rotas marítimas que partem da costa da China: a primeira atravessa o mar da China Meridional e o oceano Índico até aos portos da Europa, e a segunda atravessa do mar da China Meridional e o Pacífico Sul até os portos na Ásia e na África. Na cultura chinesa, o símbolo para "cinturão" não significa apenas um cinto físico, mas também quer dizer conexão e ligação. Já a "One Road" (Rota) significa a rede de telefones fixos, que vão da China Central até a Ásia Central, a Rússia e a Europa, terminando ao norte, na Escandinávia.

Pelas declarações oficiais, além de seus objetivos econômicos, o objetivo da One Belt One Road é:

> Aprofundar a confiança política; melhorar o intercâmbio cultural; encorajar diferentes civilizações a aprenderem umas com as outras e a florescerem juntas; e promover a compreensão mútua, a paz e a amizade entre pessoas de todos os países.
>
> Ela abrange a área da antiga Rota da Seda, mas não se limita a ela. Está aberta para se envolver com

234 • DOMINANDO AS MEGATENDÊNCIAS

todos os países e com as organizações internacionais e regionais, para que os resultados dos esforços combinados beneficiem áreas mais amplas.

Quais são suas raízes históricas?

Quando a maioria das pessoas pensa na Rota da Seda, o pensamento volta à antiguidade: homens com mantos longos e esvoaçantes andando por uma corte imperial cheia de pavões, povos nômades e cáfilas no deserto, cruzando a China para chegar ao seu destino (talvez algum lugar do Oriente Médio). A rota foi formalmente estabelecida durante a Dinastia Han (206 a.C. a 220 d.C.) e foi usada regularmente a partir de 130 a.C., quando a dinastia começou a comercializar oficialmente com o ocidente, até ser interrompida pelo Império Otomano, que boicotou o comércio com o Ocidente, fechando as rotas.

A imagem romântica é uma simplificação de um conjunto complexo e integrado de rotas comerciais e relações entre nações e reinos. A seda era desejada por ser um material luxuoso e estava em alta demanda no Egito, na Grécia e especialmente em Roma, e permitiu à China estabelecer sua posição como centro de manufatura têxtil do mundo já na antiguidade.

Os chás e as especiarias de todos os tipos, com propriedades curativas e profiláticas, foram transportados pela chamada Trilha da Caravana de Chá. Ela partia de Jinhong, no sul de Yunnan, famosa especialmente por cultivar o chá Pu-erh. De lá, passava por Dali, pelos reinos de Dali Lijiang, por Mosuo (a nação das mulheres), por todo o caminho até Lhasa, cruzando depois Xigaza, Dajanin e depois seguindo até a Índia. Como, naquela época, não havia plantação de chá no sul da Ásia, eles dependiam do chá chinês e, por sua vez, da trilha da caravana de chá. Outra rota comercial passava pela Turquia e pela Euro-

DOMINANDO UMA NOVA ORDEM COMERCIAL • 235

pa Oriental e era usada predominantemente por comerciantes árabes. Muito mais relevantes do que o chá ou a seda foram o papel (inventado durante a dinastia Han) e, claro, a pólvora.

Com sua complexa rede de grandes cidades, muitas das quais alcançaram altos níveis de ciência e arte, o maior valor da Rota da Seda foi o intercâmbio cultural, artístico, filosófico e religioso. Um exemplo é o budismo, introduzido na China de forma massiva durante a Dinastia Tang. Segundo a história, o monge budista Xuanzang viajou para a Índia e de lá trouxe os Sutras, o que levou à construção do templo pagode do Grande Ganso Selvagem, que ainda pode ser visitado em Xian. A astronomia atingiu o nível mais avançado da época nas cidades de Isfahan, Samarkand e Lhasa.

É provável que poucos saibam que o lema dos serviços dos correios dos EUA, inscrito na agência dos correios James Farley, em Nova York, remonta à Estrada Real Persa, uma das principais artérias da antiga Rota da Seda. O lema foi retirado dos escritos de Heródoto (480-429 a.C.), um historiador grego contemporâneo de Sócrates. Impressionado com a velocidade e a eficiência dos mensageiros persas, ele escreveu: "Nem a neve, nem a chuva, nem o calor, nem a escuridão da noite impedem esses mensageiros de completarem com máxima velocidade as viagens que lhes foram atribuídas."

A antiga rota de comércio da seda foi onde a globalização, em seu verdadeiro sentido, realmente começou, muito antes da Dinastia Tang. Tornou-se a ordem econômica estabelecida e só foi interrompida pelo colonialismo no início do século XIX. Na narrativa total da história humana, essa ordem econômica teve uma pausa temporária de apenas 150 anos.

No inconsciente coletivo das pessoas da China, da Coreia do Sul, do Paquistão, do Afeganistão, do Turquestão, do Turcomenistão, incluindo a Ásia Central, o Oriente Médio, a África

Oriental e a África do Norte, permanece a ideia de revitalizar a Rota da Seda como uma comunidade econômica de comércio. Não é o desenvolvimento de algo novo.

Ao olhar para a nova Rota da Seda, a partir de seu contexto histórico, percebemos que ela não está simplesmente estabelecendo uma *nova* ordem comercial e transformando as relações econômicas mundiais. É algo muito mais profundo. Na mentalidade chinesa, é restaurar o que sempre esteve lá.

Como será financiada?

Em 2015, os investimentos externos da China chegaram a quase US$ 120 bilhões. Mas até os maiores cofres têm limites. "Quem pagará pela lacuna de US$ 8 trilhões em infraestrutura na Ásia?" foi a manchete de um infográfico do Banco Asiático de Desenvolvimento, em setembro de 2013. O artigo estimou que US$ 8 trilhões seriam necessários entre 2013 e 2020 para financiar as obras de infraestrutura na Ásia. A infraestrutura é necessária para tirar as pessoas da pobreza. Mais de 60% das famílias nos países asiáticos em desenvolvimento não têm acesso a água potável nem a saneamento moderno. Mais de 50% das pessoas veem os empregos ou os negócios como a melhor maneira de escapar da miséria. Construir a infraestrutura necessária ao longo da rota é a condição básica para que o setor privado consiga agregar sua dinâmica e seus recursos. [Mais informações no site em inglês: https://www.adb.org/news/infographics/who-will-pay-asias-8-trillion-infrastructure-gap]

Para financiar os investimentos da OBOR, foram criadas três instituições financeiras para auxiliar o seu desenvolvimento.

- Fundo de infraestrutura da Rota da Seda

O fundo de US$ 40 bilhões foi lançado em fevereiro de 2014 para investir em projetos de infraestrutura da One Belt One

DOMINANDO UMA NOVA ORDEM COMERCIAL • 237

Road. É financiado principalmente pelas reservas cambiais da China e projetado para ser administrado como o fundo soberano do país. A executiva-chefe do fundo é Jin Qi, ex-assistente do governador do Banco Popular da China (PBOC).

- Banco Asiático de Investimento em Infraestrutura (BAII)

O BAII foi fundado como um banco multilateral de desenvolvimento, em outubro de 2014, com um capital social de US$ 100 bilhões. Apesar da resistência liderada pelos EUA, ele tem 57 membros e é conduzido por Jin Liqun, ex-presidente da China International Capital Corporation e vice-presidente do Banco Asiático de Desenvolvimento. O BAII tem como foco o desenvolvimento da infraestrutura e de outros setores produtivos na Ásia, incluindo o abastecimento de água e o saneamento, a proteção ambiental, o desenvolvimento urbano e a logística.

- Novo Banco de Desenvolvimento

O Novo Banco de Desenvolvimento (NBD) é um banco multilateral de desenvolvimento do BRICS (Brasil, Rússia, Índia, China e África do Sul), criado em julho de 2014. O capital inicial era de US$ 50 bilhões, chegando a US$1 bilhão em 2020. O banco financia projetos em países em desenvolvimento e promove parcerias globais, regionais e locais com novos e estabelecidos Bancos Multilaterais de Desenvolvimento (BMDs). O NBD é liderado por Marcos Troyjo, ex-secretário Especial de Comércio Exterior e Assuntos Internacionais do Ministério da Economia brasileiro, com mandato até 2025.

Os conselhos estatais de desenvolvimento de Cingapura farão parceria com o Banco de Construção da China, destinando cerca de US$ 22 bilhões para a OBOR. A primeira parcela de capital, de US$ 10 bilhões, foi feita pelo Banco de Desenvolvimento da China (5%), pelo Banco de Exportação e Importação da China (15%), pela Corporação de Investimento da China (15%) e pela Administração Estatal de Câmbio (65%).

A visão da China para o "Cinturão Econômico da Rota da Seda" não se limita à Ásia, mas visa criar uma rede integrada de comunicações e transportes que facilitará o investimento e o desenvolvimento na Ásia, na Europa e na África.

Por que é quase certo que será bem-sucedida?

A One Belt One Road é voltada para os negócios, não para a caridade. Trata-se de construir uma infraestrutura que possibilite a atuação de empresas e facilite o comércio. E a OBOR traz também um novo desafio, que a própria China está enfrentando: a infraestrutura inteligente, ou seja, ecologicamente segura. Ela está sendo construída com a consciência de que os sistemas alimentar e hídrico devem estar integrados ao meio ambiente e com a compreensão de que crescimento industrial exacerbado não necessariamente equivale a uma economia saudável.

Todos esses são fatores que se unem e convergem para a criação de um novo paradigma econômico, que tem como arcabouço a iniciativa One Belt One Road, mas é muito maior do que ela. Envolve um novo acordo em torno do desenvolvimento econômico e a evolução de um acordo sobre ideologia política, que significa não interferência, não alinhamento, sem necessariamente nenhum poder ocidental ou dominante e buscando a troca de experiências em vez de tentar forçar um modelo aos outros.

Essa é realmente a diferença do que está surgindo e do porquê de a China obter tanta sinergia e impulso.

Por que é importante, em nível global, para os negócios?

Quem conhece bem a China sabe que lá as coisas não acontecem por acaso. Sua meta de alcançar uma riqueza modesta para todos

DOMINANDO UMA NOVA ORDEM COMERCIAL ▪ 239

os seus cidadãos foi estabelecida em 1929. E, embora não houvesse nenhuma maneira de os chineses preverem as mudanças durante esses cem anos, eles se mantiveram concentrados em sua meta, tomando decisões terríveis, cometendo erros e deslizes, mas finalmente os corrigindo e voltando aos trilhos. Não sabemos quando surgiu a ideia de revitalizar a Rota da Seda. É bem provável que nunca tenha desaparecido, e sim, descontinuada, assim como a posição de potência mundial da China.

A OBOR será parte da meta da China de desempenhar um papel maior, se não dominante, no comércio mundial. Ela se transformará na maior plataforma mundial de colaboração entre governos internacionais e regionais e empresas estatais e privadas. Já no final de 2016, mais de duzentas empresas assinaram acordos de cooperação. Haverá uma demanda enorme por especialistas em logística e construção, o que criará empregos em empresas locais e multinacionais. A consciência ambiental desempenhará um grande papel e abrirá uma grande porta para aqueles que decidirem participar. Veremos o poder geopolítico e financeiro migrando gradualmente para os países, as regiões e as cidades ao longo das várias rotas terrestres e marítimas da One Belt One Road.

Os seis motivos internos da China

Na iniciativa One Belt One Road, seis pilares internos estratégicos desempenharão papéis importantes:

1. Diversificação da economia chinesa e aumento do investimento externo
2. Disponibilização de fundos
3. Coordenação de investimentos por região
4. Construção a partir da reciprocidade
5. Elevação da guanxi (rede de relacionamentos) a um patamar global
6. Desenvolvimento em saltos de infraestrutura

240 • DOMINANDO AS MEGATENDÊNCIAS

1 Diversificação da economia chinesa e aumento do investimento externo

A OBOR está ocorrendo paralelamente a uma reestruturação da economia chinesa. Pelo menos nos últimos 15 anos, a China tem se empenhado em uma política de hipercrescimento. Grande parte do seu progresso econômico se deu por meio de projetos de infraestrutura e construção. Hoje, o país atingiu um momento decisivo em seu desenvolvimento econômico. A questão é: para onde eles vão agora?

Para sustentar seu crescimento, a estratégia da China é se transformar em uma economia orientada pela produtividade, pela tecnologia e pelos serviços, além de passar de um mercado centrado em exportação para um baseado no consumo interno, o que tornará a China menos vulnerável às crises econômicas que ocorrem em seus mercados externos.

Nos próximos anos, é provável que a China se torne a maior investidora transnacional do mundo. A competição entre os investidores chineses melhorou a competitividade global. A crescente desregulamentação facilitará o envolvimento em negócios públicos e a criação de parcerias com atores locais. O BAII financiará grandes projetos de infraestrutura na Ásia e ao longo das várias rotas da OBOR. A decisão é complexa. A China está investindo fora das fronteiras do país, mas não deseja seguir o caminho das corporações multinacionais norte-americanas — que terceirizam tudo e acabam deixando sua própria nação com capacidade reduzida, ou ainda sem habilidade de produzir qualquer coisa no final.

A China, de fato, inflacionou seus próprios custos trabalhistas. Isso se deve, em grande parte, aos investimentos em ativos fixos com foco em imóveis, que elevaram os preços dos imóveis. Isso, por sua vez, aumentou os custos de mão de obra e diminuiu a demanda por imóveis, acabando por exceder demais suas capacidades. Paralelamente, as melhorias nos direitos trabalhistas tornaram a China menos rentável, de maneira que alguns investimentos estão fugindo para outros lugares.

A China está no caminho para diversificar sua economia doméstica, explorando ligações e vantagens com países vizinhos. O objetivo é construir uma rede inteira de regiões de crescimento associado ao longo da OBOR e das nações do Cinturão Sul Global. A OBOR aumentará a capacidade da China de exportar commodities, como aço, fornecerá uma fonte de mão de obra mais barata e envolverá engenheiros chineses cujo conhecimento não é mais necessário no país. Ao investir na infraestrutura de outras nações e exportar mão de obra (criando empregos no exterior para sua força de trabalho), material e tecnologia, a economia chinesa, por sua vez, se beneficiará e desenvolverá resiliência econômica.

Além disso, seus investimentos em infraestrutura estabelecerão as bases para a manufatura, incentivando o setor privado a fazer o mesmo, investindo e gerando empregos não apenas para a população local, como também para os chineses que vão para o exterior administrar essas empresas.

2 Disponibilização de fundos

A China está disposta a dar "uma carona" a outros países, como o presidente Xi confirmou em agosto de 2016 (*China Daily*, 18/8/16). De acordo com a declaração oficial do Fundo Silk Rad, a filosofia por trás da tomada de decisões para seus investimentos é baseada nos princípios de mercado, na prática internacional e nos padrões profissionais. Os investimentos serão feitos em ações, dívidas e em outros instrumentos finan-

242 ■ DOMINANDO AS MEGATENDÊNCIAS

ceiros que trabalham em conjunto com instituições financeiras nacionais e estrangeiras para constituir fundos, administrar ativos e comissionar terceiros para investir.

Os fundos serão disponibilizados para apoiar o comércio, a cooperação econômica e a conectividade dentro da OBOR. Promover o desenvolvimento comum da China e dos países e regiões participantes da iniciativa significa colaborar com empresas e instituições financeiras nacionais e internacionais.

Para cumprir seus objetivos estratégicos de impulsionar a industrialização e estabilizar a economia mundial, o fundo será dirigido e controlado por um conselho de diretores e supervisores e uma equipe de gestão. Para estabelecer mecanismos de governança corporativa eficazes e eficientes, a entidade também contratou profissionais altamente gabaritados com diversas formações.

3 Coordenação de investimentos por região

Em um projeto de comunicação da OBOR com alunos da Universidade de Estudos Estrangeiros de Pequim, vimos em primeira mão a ambição da China em ensinar línguas estrangeiras aos estudantes como base de seus objetivos diplomáticos e econômicos. Abordar as pessoas em seu próprio idioma faz parte da estratégia global contínua da China. No Sri Lanka, por exemplo, as empresas chinesas investiram mais de US$ 5 bilhões na construção de estradas, usinas de energia, portos e hotéis. Mais de trinta mil chineses estão trabalhando naquele país.

A China conseguiu construir pontes para o mundo árabe sem atrapalhar seu bom relacionamento com Israel. Em 2015, a China comprou a licença para operar o maior porto de Israel, em Haifa; construiu um novo terminal para navios ultragrandes de contêineres no segundo maior porto, em Aschdod; e cofinanciou e construiu um istmo de lá para o terceiro maior porto de Israel, em Eilat, perto do Mar Vermelho.

Vejamos o exemplo do Cazaquistão. Suas ricas reservas de energia trouxeram crescimento econômico, aumento da renda da sua população e algumas extravagâncias do presidente Nasarbajew, que ocupa o cargo há algum tempo. Desde a queda do preço do petróleo, sua parceria estratégica com a China e seu envolvimento no corredor econômico e na ligação ferroviária abriram novas portas. As empresas chinesas agora possuem cerca de um quarto das operações de produção de petróleo do país.

No Turcomenistão — que entre 2009 e 2015 exportou 125 bilhões de metros cúbicos de gás para a China —, a CNPC (Corporação Chinesa de Petróleo Nacional) está desenvolvendo o gás Bgtyyarlyk, após o comissionamento dos campos de gás de Bota, Tangiguyi e Uzyngyi. E recentemente assinou acordos de US$ 15 bilhões em gás e urânio com o Uzbequistão. Esses são apenas alguns exemplos dos investimentos geoestratégicos da China. [Mais informações no site em inglês: http://nationalinterest.org/feature/chinas-huge-one-belt-one-road--initiative-sweeping-central-17150]

Mas a China não está apenas fortalecendo relações com as economias emergentes da Ásia e da África. Ela também alcança os países europeus da OBOR. Está financiando o porto de Pireu, na Grécia, e o trem-bala de US$ 3 bilhões que vai de Belgrado a Budapeste. Ferrovias, oleodutos e estradas serão construídos de Xian a Bélgica, e está nos planos uma linha ferroviária de quase 13.000 quilômetros de Yiwu (cerca de 100 km ao sul de Hangzhou) até Madri.

4 Construção a partir da reciprocidade
A antiga Rota da Seda não se limitava ao comércio de seda e chá. Tratava-se da complexa troca de bens, ideias e culturas.

244 • DOMINANDO AS MEGATENDÊNCIAS

Foi a justaposição e a integração de muitas culturas. A One Belt One Road desempenhará um papel fundamental no aumento da capacidade de comunicação da China e, como disse o presidente Xi, "fortalecerá sua voz e contará bem a história do país".

Poucos na Europa Ocidental devem ter ouvido falar do grupo 16 + 1, criado em 2011 pela China e mais 16 países da Europa Central e Oriental: Albânia, Bósnia e Herzegovina, Bulgária, Croácia, República Tcheca, Estônia, Hungria, Letônia, Lituânia, Macedônia, Montenegro, Polônia, Romênia, Sérvia, Eslováquia e Eslovênia. A fórmula 16 + 1 representa uma iniciativa para intensificar a cooperação entre 11 Estados-Membros da UE e cinco países dos Bálcãs. Inclui não apenas infraestrutura, como também educação, ciência e cultura. Um programa de intercâmbio de cinco anos para mil jovens vindos da China e dos outros 16 países europeus foi criado para melhorar a comunicação entre as pessoas e obter uma melhor base de entendimento para futuros líderes influentes.

Construir infraestrutura faz parte da história de sucesso da China. Essa ênfase tem a ver com sua própria experiência de desenvolvimento, ao estrategicamente conectar coisas a fim de fazer a economia crescer. Esse é o seu arcabouço.

O paradigma econômico mais amplo é revitalizar a cooperação e a troca de experiências Sul-Sul, isto é, entre as nações que chamamos coletivamente de Cinturão Sul Global. Esses países se uniram ao longo dos desafios comuns que enfrentaram nas eras colonial e pós-colonial e agora estão comprometidos em trabalhar juntos. Eles estão compartilhando os desafios de lidar com condições econômicas divergentes dentro de suas próprias fronteiras; preenchendo as lacunas entre os agrupamentos empresariais avançados de alta tecnologia e as produções obsoletas; e agora, mais urgentemente do que nunca, levando

DOMINANDO UMA NOVA ORDEM COMERCIAL • 245

em consideração as questões relacionadas à água potável, ao suprimento de alimentos saudáveis e à assistência médica.

As experiências da China e as do Sul do país, além da Índia, do Paquistão e do Cazaquistão, podem ser muito, muito diferentes, mas têm pontos em comum. Todos compartilham o subdesenvolvimento, o colonialismo e, para alguns, o fato de terem pertencido à União Soviética. Estar debaixo desse domínio lhes proporcionou a experiência do comunismo imperialista, com sua subsequente fuga do socialismo e seu avanço em direção a uma economia voltada para o mercado. Em outros casos, a vivência compartilhada envolve digerir o passado da exploração colonial capitalista e escapar de um desenvolvimento que é baseado em auxílios ou dependente de ajuda.

O exemplo da própria China de socorrer os países africanos quando ela própria ainda era um dos países mais pobres do mundo não foi esquecido. Isso dá credibilidade à China e complementa seu histórico de levar uma abordagem pragmática e empresarial para os países em desenvolvimento.

Além de fortalecer laços antigos, a China desenvolveu a estratégia de se dirigir às pessoas em sua língua materna. A CCTV (Central de Televisão da China) se tornou um importante canal de informações 24 horas, alcançando as pessoas nos seus dialetos e em inglês, francês, espanhol, árabe e russo.

5 Elevação da guanxi a um patamar global

A iniciativa One Belt One Road não trata apenas de economia; trata de construir pontes para conectar diferentes culturas. É uma questão de conhecer uns aos outros e criar amizade e confiança. Alcançar esse estágio é uma meta digna de todo esforço, mesmo que os obstáculos sejam muito grandes. Do ponto de

246 • DOMINANDO AS MEGATENDÊNCIAS

vista ocidental, a China e a iniciativa que leva sua "marca", a One Belt One Road, ainda são vistas de duas maneiras: como um plano para dominação mundial e como o maior projeto de crescimento de todos os tempos.

O esforço diplomático da China para construir relações amigáveis (ou, em outras palavras, para elevar a guanxi a um nível global) é uma ferramenta eficaz para eliminar barreiras. No entanto, não é fácil dirigir-se às pessoas em suas linguagens culturais e afetivas. Ainda há muito o que melhorar e são muitos os riscos. Porém, se quiser usar a própria experiência e expandi-la globalmente para os países ao longo das vias marítimas e terrestres da nova Rota da Seda, a China precisará usar tanto a linguagem objetiva quanto a subjetiva de cada país.

6 Desenvolvimento em saltos de infraestrutura

Embora a China tenha se tornado mestra em "cruzar o rio apalpando as pedras", em alguns quesitos, a estratégia a ser escolhida é saltar para tecnologias e plataformas, implementando, por exemplo, a mais nova tecnologia em infraestrutura em vez de modernizá-la gradualmente.

Não precisamos ir à África para ver a necessidade de melhorar a infraestrutura. Como integrante da parceria entre a China e os Países da Europa Central e Oriental (PECO), o primeiro projeto definido foi assinado entre a China, a Hungria e a Sérvia para o desenvolvimento, a construção e o financiamento do trem de alta velocidade nos 350 quilômetros entre os dois países dos Balcãs.

A China planeja investir US$ 720 bilhões em 303 projetos de infraestrutura de transporte entre 2016 e 2019. Embora isso possa parecer muito, é plausível, dado o enorme tamanho do país. "Anualmente a China gasta mais em infraestrutura econômica do que a América do Norte e a Europa Ocidental juntas", noticiou a *Bloomberg*, citando um relatório chinês em junho de 2016. O número de aeroportos chineses aumentaria

DOMINANDO UMA NOVA ORDEM COMERCIAL • 247

de 148, em 2007, para 240, de acordo com o planejado para 2020. Durante o mesmo período, a extensão das vias expressas crescerá de 54.000 quilômetros para 139.000 quilômetros. Com capacidade e experiência sem precedentes, a China já instalou mais de 19.000 quilômetros de trilhos de ferrovia, número superior a todo o resto do mundo. As redes ferroviárias de alta velocidade conectarão a China com todo o sul da Ásia.

Levando em consideração as oportunidades de negócios que estão surgindo ao longo das várias rotas terrestres e marítimas da OBOR, a China dará mais um salto. Desta vez, para um novo mundo de trabalho, no qual os sistemas robóticos de direção autônoma e a produção digital são as forças motrizes.

Em um mundo interconectado, será mais fácil agrupar seus potenciais criativos. As fronteiras econômicas estão desaparecendo, não apenas entre os países, como também entre os empregos e os trabalhos autônomos. Nas últimas décadas, a China manteve uma capacidade de aprendizado muito alta. E não há razão para mudar essa mentalidade.

Mantendo o ritmo de crescimento

Analisando as três décadas de desenvolvimento econômico do Sul e do Nordeste da Ásia, vemos que a participação da indústria no PIB ultrapassou 25% no Sudeste Asiático e 30% no Nordeste Asiático. No encalço do rápido crescimento da manufatura, a taxa de emprego e a produtividade também aumentaram.

Ao mesmo tempo, foi possível aprimorar as competências dos trabalhadores, por meio da melhor formação dos gestores e dos esforços e competências de empreendedores com uma mentalidade cada vez mais global. Mas, apesar de todas as conquistas, as exportações totais da China caíram para menos 2,9 em 2015, e menos 7,1%, no primeiro semestre de 2016 (HKTDC Research).

248 • DOMINANDO AS MEGATENDÊNCIAS

Ficou claro para a China que, para manter o ritmo do crescimento econômico, ela deve transformar sua economia, saindo de um modelo de manufatura para um mais voltado para consumo e serviços, além de buscar novos mercados.

A China manterá aquilo que impulsionou seu próprio crescimento nas últimas décadas — a construção de infraestrutura. Quem viaja pelo país fica bastante impressionado com a rede de trens de alta velocidade, as estações ferroviárias superiluminadas e os muitos aeroportos novinhos em folha, que conectam as cidades chinesas entre si e com o mundo. A construção da infraestrutura foi fundamental na estruturação da China de hoje. O objetivo da One Belt One Road é replicar isso em muitas das economias emergentes ao longo da Rota da Seda do século XXI.

Finanças sustentáveis em uma Rota Sustentável da Seda

A maioria dos 70 países ao longo da rota OBOR é de economias emergentes. A maior parte deles está em processo de industrialização e urbanização, mas sem a infraestrutura necessária para sustentar o desenvolvimento econômico. Muitas dessas nações dependem fortemente das indústrias de energia e mineração. Muitos dos países ao longo da Belt and Road têm condições geográficas e econômicas semelhantes; alguns já fazem trocas comerciais frequentes. O fato de terem o mesmo objetivo de crescimento levanta a questão de como alcançar o equilíbrio entre impulsionar o desenvolvimento e, ao mesmo tempo, preservar o meio ambiente, entre os benefícios econômicos e ambientais.

O Green Silk Road Fund (Fundo Rota Sustentável da Seda), uma parceria público-privada na China, foi lançado em Pequim em março de 2015 com o objetivo de recuperar 1,3 milhão de acres de terra e plantar 1,3 bilhão de árvores em regiões ecologicamente vulneráveis ao longo da Rota da Seda.

Evitando a abordagem de primeiro bagunçar para depois arrumar

Para evitar o conflito entre os benefícios econômicos e ecológicos e atender às expectativas das pessoas ao longo das regiões e dos países da Rota da Seda, a China quer contribuir com a construção de uma "Rota Sustentável da Seda", promovendo as finanças e o desenvolvimento sustentáveis apoiados pela colaboração regional.

O conceito de uma ecocivilização e de desenvolvimento sustentável são partes importantes da One Belt and One Road. Perfeitamente ciente de sua própria abordagem no passado, de "primeiro bagunçar para depois limpar", a China entende a importância de se distanciar tanto do desenvolvimento unilateral em grande escala quanto da desconsideração das questões ambientais. Para minimizar os danos ambientais, o país está disposto a explorar modelos de cooperação com ênfase nos benefícios econômicos e ambientais.

O Fundo da Rota da Seda da China anunciou um plano para implementar o desenvolvimento e as finanças sustentáveis em projetos do movimento de transformação ambiental global, que incluirá novas energias importantes, transporte sustentável, governança ambiental e vários outros projetos de infraestrutura.

Projetos sustentáveis precisam de grandes investimentos, mas têm baixo retorno inicial

O investimento em infraestrutura nos mercados emergentes envolve muitos riscos e, às vezes, leva muito tempo até gerar retorno. Uma das grandes vantagens dos fundos da OBOR é a capacidade e a disposição de fornecer termos de financiamento razoáveis para projetos sustentáveis, apesar dos longos ciclos de construção e retorno, da enorme necessidade de capital e do baixo retorno inicial.

Somente projetos que levem em consideração os benefícios sociais, econômicos e ambientais de um investimento garantirão um desenvolvimento estável ao longo da Rota da Seda. É necessário que os países usem os fundos para investimentos que resolverão problemas que impediram progressos no passado.

Dentro do esforço da China por uma Rota Sustentável da Seda estão as suas indústrias sustentáveis, incluindo a de energia limpa e as de fabricação de equipamentos avançados. O Fundo apoiará esforços para exportar tecnologias avançadas que viabilizem o desenvolvimento sustentável nos países ao longo da rota. Para estimular uma maior produtividade dos recursos e reduzir o desperdício, as empresas chinesas poderão adquirir tecnologias sustentáveis de ponta, como tratamento de lixo e tecnologias químicas avançadas. O objetivo é economizar energia, reduzir as emissões e construir uma economia circular ao longo da Rota Sustentável da Seda.

Possivelmente a maior plataforma para colaboração do mundo

As rotas comerciais não mudarão apenas na Ásia. A One Belt One Road tem potencial para transformar o comércio globalmente. Embora ainda existam muitos obstáculos econômicos e políticos no caminho e a China precise encontrar maneiras de evitar que seus fundos sejam mal utilizados, a OBOR já passou da fase de planejamento. As principais empresas do setor financeiro e de construção estão se envolvendo.

Ao considerar a pergunta de se a OBOR alcançará sua proposta de cobertura geográfica, seus objetivos econômicos e possíveis retornos financeiros, as respostas variam entre otimistas e pessimistas. Não há garantias. Mas se considerarmos o que está em jogo para a China, o mínimo que podemos fazer é observar seu desenvolvimento com atenção.

CAPÍTULO DEZ

Dominando nossos pensamentos

De acordo com William Shakespeare, "Não há nada bom ou mau, mas o pensamento o faz assim." Gostaríamos de estender a compreensão dessa máxima ressaltando que o pensamento ruim pode levar a conclusões errôneas, que resultam em julgamentos e decisões equivocadas. Uma estratégia para dominar seus pensamentos é desenvolver e manter mentalidades que reduzem a probabilidade de a desinformação ou as informações enganosas turvarem sua percepção e interpretação dos fatos.

Neste capítulo, oferecemos orientação sobre como construir mentalidades que permitem que você perceba o que está acontecendo no mundo ao seu redor de forma mais objetiva — para evitar que você "leia demais nas entrelinhas" acerca do que observa, do que lê e do que ouve.

O poder de não precisar estar certo

Theodore Roosevelt, 26º presidente dos Estados Unidos de 1901 a 1909, disse de maneira simples: "A menos que um homem seja o senhor de sua alma, todos os outros tipos de domínio significam pouco."

Quando se trata de dominar megatendências, poucos mindsets são mais importantes do que entender o poder e a necessidade de abrir mão de estar certo. Isso está intimamente ligado ao domínio de nossos pensamentos. É a pré-condição. Não ter que estar certo parece bastante simples e certamente é uma qualidade que a maioria das pessoas gostaria de possuir, mas, no mundo real, observamos que é escassa. As pessoas, especialmente aquelas em posições de poder, têm medo de estarem erradas e, muitas vezes, até se recusam a admitir isso.

No entanto, para perceber os fatos, seu cérebro deve estar receptivo a eles. Quando as pessoas têm a mente fechada, elas se cercam de uma parede impenetrável que evita que os fatos desafiem suas verdades absolutas, mesmo, e especialmente quando o que elas têm como verdade absoluta é falso.

O que é "a verdade"?

Quando as pessoas se envolvem em debates, muitas vezes citam tudo o que acreditam ser a verdade, mas o que exatamente é "a verdade"? Por muitos anos, a verdade era que o planeta Terra era o centro do universo, ou pelo menos da galáxia ou do sistema solar, o que então se provou errado; nunca foi a verdade. Os médicos costumavam pensar que a maioria das úlceras estomacais era causada por estresse, ingestão de alimentos ácidos, fumo e bebida alcoólica, até que se comprovou que o crescimento excessivo da bactéria *H. pylori* era a principal causa. Há algum tempo, "sabíamos" que dietas ricas em gorduras não eram saudáveis, até descobrirmos que as dietas ricas em carboidratos simples são muito piores e que certas gorduras são saudáveis e até "essenciais". Os cientistas estavam convencidos de que nenhum organismo poderia viver sem oxigênio, até que, é claro, descobriram alguns que podem. Poucos educadores no passado discordariam que a memorização era a melhor maneira de aprender, até que estudos mostraram que outros métodos eram muito mais eficazes para diversos alunos.

No entanto, possuir a "resposta certa" é uma reivindicação comum. Incontáveis programas de TV apresentam pessoas que oferecem e muitas vezes defendem sua "resposta certa". Esquerda, direita, a favor ou contra o livre mercado, a favor do aumento das regulamentações bancárias, contra a interferência do Estado, pró-governo, contra o governo — a lista poderia encher um livro.

E, além disso, acontecem disputas diárias sobre assuntos irrelevantes, cujo objetivo é simplesmente ter razão, a ponto de até mesmo esquecerem o assunto que os levou a discutir em primeiro lugar. Quanta energia é desperdiçada sem nenhum resultado real? Ter uma opinião é importante, mas permitir que ela seja questionada significa agregar valor à visão.

A vontade de mudar com as novas informações disponíveis

No século V a.C., Confúcio ensinou que "o conhecimento real é saber a extensão de sua ignorância." No século XIX, o humorista americano Henry Wheeler Shaw disse sem rodeios: "Existem dois tipos de tolos: aqueles que não podem mudar suas opiniões e aqueles que não mudam."

Em *Megatendências*, apontamos que "as tendências, assim como cavalos, mais facilmente seguem na direção em que já estão indo". Essa máxima é certamente verdadeira quando se trata de tendências que já se tornaram parte de uma tecnologia, prática de negócios, filosofia ou ideologia convencionais. Mas, para aproveitar as oportunidades de um novo mundo em evolução, precisamos estar com os líderes, não com os retardatários. Dominar as megatendências está muito ligado à disposição de mudar quando novas informações desafiarem o que pensamos que sabemos.

Não dá para fazer uma omelete sem quebrar os ovos

Você não pode fazer uma omelete sem quebrar os ovos. Nem assoviar e chupar cana ao mesmo tempo. Em outras palavras, em certos casos, não podemos ter tudo o que queremos; para ganhar uma coisa, devemos desistir de outra.

Podemos escolher mudar ou ter a mudança imposta a nós. Podemos defender nossa própria ideia ou seguir a de outros. Podemos negar ou verificar os fatos. Quando tememos estar errados ou resistimos teimosamente a pelo menos considerar uma opinião divergente, nos limitamos a dirigir em estradas já pavimentadas. Mas, uma vez que experimentamos a potência que é não precisar ter razão, nos libertamos para explorar um território desconhecido, permitimos que nossas perspectivas se expandam e abrimos nossas mentes para todo o cenário de possibilidades e oportunidades.

Gravado para sempre

Hoje, há pouco espaço para se esconder. Cada palavra, falada ou escrita, pode ser gravada; cada movimento, filmado; cada opinião, publicada; cada declaração pode ser multiplicada na internet e nas redes sociais. Nelas, qualquer pessoa, em qualquer lugar, pode publicar qualquer coisa que, independentemente de sua veracidade, se consagra a ponto de propagar mentiras por décadas.

DOMINANDO NOSSOS PENSAMENTOS • 255

Antes da internet, tínhamos uma verificação extremamente rigorosa das informações. O conteúdo era produzido por pessoas conhecidas em seus vários campos de especialização e publicado por meio de editoras já estabelecidas, em livros, revistas e periódicos. Os editores se engajavam na verificação de fatos e contratavam técnicos para revisar artigos e manuscritos, a fim de verificar informações e pareceres — e as boas editoras ainda o fazem. A diferença agora é que a internet e as publicações independentes transformaram o mundo editorial, ou pelo menos partes dele, em um faroeste de informações, no qual pessoas sem conhecimento, treinamento, perspicácia e sabedoria podem postar dados enganosos com o clique.

Agora, mais do que nunca, é essencial um alto nível de ceticismo ao lidar com qualquer conteúdo, para evitar que sua mente seja contaminada por informações equivocadas e ideias rudimentares ou orientadas por propósitos de terceiros. Dominar seus pensamentos envolve um esforço próprio de filtrar e contestar informações e opiniões, além de verificar as fontes do conteúdo. Nós o encorajamos a buscar fontes confiáveis e a ler bastante, para que você tenha as perspectivas de todos os lados de uma questão. Ao verificar fontes com perspectivas diferentes, você terá uma maior abrangência de informações, filtradas tanto por um lado quanto pelo outro, a fim de fortalecer seu ponto de vista ou fomentar seus objetivos. Esse processo de checagem também deve incluir a verificação da data em que algo foi publicado ou postado, para garantir que você esteja vendo as informações mais recentes.

Defenda o que é certo, não quem está certo

A história da ciência está repleta de descobertas e avanços científicos — quando o pensamento estabelecido foi desafiado e alterado por novas evidências ou por teorias que explicaram de forma mais precisa, ou mais completa, os fenômenos observados. Na seção sobre educação, escrevemos sobre Einstein e sobre como, sem imaginação científica, ele nunca teria enfrentado o sistema científico de sua época. Mas foi preciso mais do que isso; exigiu um compromisso implacável de defender o que é certo contra um sistema científico que às vezes parece mais preocupado em defender *quem* está certo.

Einstein estava convencido de que "a crença cega na autoridade é o maior inimigo da verdade". Não conseguir um emprego na área acadêmica foi o preço que ele pagou por não se vender, apesar de ter sido extremamente qualificado e de apresentar pilhas de inscrições. Após um intervalo como professor na pacata cidade suíça de Schaffhausen, ele foi contratado como examinador de patentes em Berna.

Quase todo mundo está familiarizado com o Einstein físico teórico, cujas teorias da relatividade se tornaram os pilares da física moderna. Mas poucos conhecem o jovem que temos a chance de entrever em suas cartas, o jovem Albert que trabalhou tanto com persistência, como sob a incerteza e a preocupação de que pudesse tomar o caminho errado. Ele escreveu a William Julius:

> Muito estimado colega,
>
> Se essas linhas [espectrais solares] são muito finas, então acredito que minha teoria é refutada por essas observações. Eu ficaria muito satisfeito se você me dissesse abertamente sua opinião sobre este assunto. Afinal, sei muito bem que minha teoria se estabelece sobre uma base instável. O caminho que tomei pode ser o errado, mas tinha que ser experimentado.

Pouco mais de um ano depois, ele ainda acreditava que sua ideia não era apenas cativante, como também engraçada, imaginando "se Deus vai rir porque estava me enganando de brincadeira". Ele escreveu a outro conhecido, o astrofísico Erwin Freundlich:

> Meus estudos teóricos estão progredindo rapidamente depois de pesquisas indescritivelmente meticulosas, de modo que há boas chances de que as equações para a dinâmica geral da gravitação sejam estabelecidas em breve. A beleza da coisa é que se podem evitar suposições arbitrárias, de modo que não há nada a ser "remendado"; em vez disso, a coisa toda será verdadeira ou falsa.

Obviamente, Einstein não se preocupava com quem estava certo, pois mantinha em mente que poderia ele mesmo estar errado. Ele não tinha a arrogância de muitos líderes de instituições, que os fazem se agarrar obstinadamente a ideias, devido às suas próprias inseguranças. Ele permaneceu sempre aberto a outras possibilidades, mesmo que desafiassem seus pensamentos.

Conteúdo em vez de ego

Enfrentar e derrubar conceitos estabelecidos de tempo e espaço parece muito fácil olhando para o Einstein que conhecemos como celebridade global. A base de sua descoberta foi defender o que era certo, não *quem* estava certo.

Um dos biógrafos de Einstein, Albrecht Fössling, até especulou que pode ter sido uma vantagem o fato de que "um homem em tal condição não se preocupou em se envolver em discussões com cientistas importantes, mas estava se divertindo com seus pensamentos em sua própria diáspora."

Dominar megatendências não exige a genialidade e a coragem da mente de Einstein. Mas, estando cercados pela mídia de massa, imersos em redes sociais e vivendo em um mundo repleto de informações, é muito mais difícil nos afastarmos do pensamento dominante e do clamor de ideias conflitantes, frequentemente coloridas pela agenda política. Mesmo quando nos concentramos na substância e nos fatos, é fácil subestimar a influência do pensamento dominante em nossos próprios processos de tomada de decisão.

Cerque-se de otimistas

Você se cerca de pessoas pessimistas e de espírito negativo ou de pessoas positivas e otimistas? Às vezes, não temos consciência do quão danosa pode ser a influência de uma pessoa negativa sobre o que fazemos e pensamos. Mas, quando se trata da mídia, quase não temos escolha. A crença da mídia de que "apenas más notícias são notícias" apoia uma atmosfera tomada pela apreensão. Alimentados por uma dieta diária de reportagens sobre calamidades e problemas locais e globais, olhamos para o mundo com preocupação. Nosso mapa mental está cheio de luzes piscando e sinais de alerta nos advertindo para não virarmos para o desconhecido.

Quando o desejo é o guia dos pensamentos

Quando se trata de julgamentos sobre desdobramentos econômicos, políticos e sociais, não há necessidade de se voltar para o desconhecido e sim, de olhar para o que está acontecendo agora da maneira mais imparcial possível. Dado o grau em que as notícias são disseminadas, no entanto, permanecer imparcial é tremendamente difícil. Ficamos muito desanimados com as ideias antiquadas que muitas pessoas têm sobre outros países, especialmente sobre a China, evidenciadas em perguntas como "Eu tenho que levar minha própria comida quando estiver na China?" e "Dá para andar nas ruas, no meio daquela gente toda?". Também existem muitos equívocos sobre outros países. Por exemplo, quando muitos imaginam como é o Brasil, pensam em pessoas dançando samba nas ruas e bebendo caipirinha na praia de Copacabana; todas as mulheres brasileiras sendo bonitas, bronzeadas, com corpos torneados e sensuais; o Carnaval no Rio de Janeiro; e todo o Brasil parecendo um país do terceiro mundo. Edifícios abandonados na Itália são considerados charmosos, enquanto edificações nas mesmas condições em outros países são consideradas um sinal de declínio.

Ver o que queremos, em vez do que de fato vemos ou nunca vimos, impede nossa capacidade de desenvolver opiniões bem informadas.

À medida que os oportunistas, os políticos de extrema direita e esquerda e os meios de comunicação, sedentos por emoções, se voltam para o medo como um instrumento eficaz de manipulação, devemos ter em mente as palavras do filósofo grego Sófocles: "Não há inimigo pior do que um mau conselheiro".

Os problemas de hoje podem ser as soluções de amanhã

Um medo alimentado pela mídia e pelos políticos é a incerteza sobre o que acontecerá com o grande número de pessoas pouco qualificadas que trabalham no setor industrial. Olhando para o futuro, não podemos levar em conta o que ainda não é previsível.

Podemos considerar que a digitalização e a inteligência artificial levarão a mudanças fundamentais. Mas não podemos prever se alguma, ou ainda, qual invenção ou inovação pode ser tão revolucionária a ponto de provocar outra reviravolta repentina. É por isso que quebrar a cabeça para resolver problemas só ajuda quando se trata de algo que pode ser consertado — máquinas, estradas, casas, carros e, às vezes, até relacionamentos. Se olharmos para a história, as soluções muitas vezes surgiram de fontes inesperadas e imprevisíveis. É como dirigir em uma estrada de mão única; se quisermos mudar de direção, temos que mudar para outra estrada.

A década de 1880 em Londres: diferentes gatilhos, mesmos fundamentos

Um exemplo de "outro caminho trilhado" ocorreu há 240 anos. Imagine-se morando em Londres na década de 1880. A cidade está crescendo e fervilhando. Para atender a todas as demandas, cerca de cinquenta mil cavalos transportam pessoas e mercadorias por Londres todos os dias. Isso pode parecer romântico hoje, mas teve seus problemas.

Com tantas carruagens, as estradas de Londres estavam lotadas, e as pessoas, assim como hoje, sofriam com o trânsito intenso. Mas o lado ainda mais sombrio e fedorento da cidade era que os cavalos produziam toneladas de estrume e urina que poluíam o ar e as estradas. E não muito diferente das histórias sombrias de hoje, a grande mídia previa um cenário muito inglório. O jornal londrino *The Times* foi uma das vozes de advertência levantadas sobre o desastre iminente: "A crise de estrume de cavalo".

A previsão foi baseada em solos e terrenos de cultivo: cada um dos 50.000 cavalos de Londres produzia entre 7 e 16 quilos de estrume por dia, mais um litro de urina. Diante desses fatos, as pessoas não ficaram surpresas ao ler a previsão do *The Times*: "Em 50 anos, todas as ruas de Londres estarão enterradas sob três metros de esterco". Os únicos que olharam para o lado bom da situação foram os ferreiros de Londres, já que mais estrume significa mais cavalos com cascos para limar e mais ferraduras para serem substituídas.

A invenção revolucionária de Karl Benz

A situação, entretanto, não se limitava a Londres. Enquanto a indústria de cavalos e charretes estava crescendo, quase todas as grandes cidades enfrentavam o mesmo problema de destinação de resíduos. Nova York tinha até cem mil cavalos produzindo cerca de 1,1 milhão de quilos de esterco por dia! Semelhante a hoje, o governo americano queria que o assunto fosse debatido na primeira Conferência de Planejamento Urbano de Nova York, realizada em 1898. E, como hoje, a conferência terminou sem solução. O problema das montanhas de esterco permaneceu, embora possamos ter certeza de que muitos se angustiaram com a maneira que ele poderia ser resolvido.

Olhando para trás, isso pode nos provocar um sorriso. Sabemos o que aconteceu. Enquanto a grande mídia estava ocupada prevendo cenários de tristeza e desgraça, a solução já estava sendo trabalhada, na não tão distante Alemanha, por Karl Benz.

262 • DOMINANDO AS MEGATENDÊNCIAS

Karl Benz não estava procurando resolver o problema do excesso de esterco, nem os outros inventores envolvidos no processo de criação de um veículo motorizado. Eles recolheram as peças de várias invenções que possibilitaram a construção de automóveis. As patentes foram registradas e o carro foi inventado, embora fosse caro demais para uma pessoa comum. Foi a primeira linha de montagem móvel de Henry Ford que não só aumentou a produtividade em oito vezes, como também tornou os carros mais acessíveis. As pessoas podiam viajar e transportar seus bens em automóveis.

O resultado eliminou o esterco de cavalo sem nem tentar resolver o problema, ao inventarem uma engenhoca que revolucionou os meios de transporte.

E, inicialmente, nem todos abraçaram a invenção. Ainda com descrença e resistência, em 1903, o presidente do Michigan Savings Bank aconselhou Horace Rackham, advogado de Henry Ford, a não investir na Ford Motor Co: "O cavalo veio para ficar, mas o automóvel é apenas uma novidade, uma moda passageira."

Brian Groom refletiu sobre isso em um artigo no *Financial Times* em setembro de 2013:

> A crise de estrume de Londres também é um exemplo da incapacidade das humanidades de prever como os incentivos econômicos podem produzir soluções tecnológicas para um problema.

A rotatividade de empregos

O transporte mudou para melhor, embora tenha aposentado cavalos, carruagens e seus fabricantes, o que provavelmente levou ao desemprego em massa de ferreiros e à extinção de outros negócios que dependiam disso para sobreviver. Aqueles que se concentraram no problema podem ter tentado projetar ferraduras melhores ou carrinhos do tamanho de ônibus, contratado mais trabalhadores de rua para remover o lixo ou criado locais pela cidade para melhorar os esforços de compostagem. Em vez disso, a solução foi encontrada não por meio da resolução de problemas, mas pela busca de uma oportunidade. E, embora os ferreiros precisassem começar a procurar outro emprego, eles não tiveram que esperar muito; se tornaram a primeira geração de mecânicos de automóveis.

A rotatividade de empregos está presente em nosso meio há muito tempo e, de fato, contribui para o crescimento. No entanto, ela não é sustentada ou apoiada pela tentativa de manter ideias ou métodos de produção obsoletos.

Considere os operários americanos que estão inseguros sobre como manter seus empregos. Os EUA ainda estão em segundo lugar no índice competitivo global do setor industrial. Mas em 2015 os custos de mão de obra por hora foram de US$ 37,96 em média. Compare isso com a China, que ocupa o primeiro lugar no índice e tem custos de US$ 3,28 por hora. Ou a Índia, que ocupa a 11ª posição, com apenas US$ 1,72 por hora. Quão seguro é o ambiente de produção industrial?

Você argumentaria que uma fábrica pode aumentar a produtividade, que quando um produto é feito nos Estados Unidos tem um valor mais alto, que os padrões ambientais são mais rígidos e assim por diante. Melhorias são possíveis, mas a questão central permanece — o contexto em mudança no qual as indústrias funcionam. Não é apenas a mão de obra barata das economias emergentes que alimenta a incerteza, mas também o aumento da automação, da inteligência artificial e da produção digital que acabará com muitos modelos de produção tradicionais. Os Estados Unidos permanecerão competitivos no índice e podem até mesmo recuperar sua posição de número um, mas cada vez menos pessoas encontrarão trabalho na indústria.

Os operários pessimistas se sentirão derrotados por três crises: a perda de seu emprego específico, o enfraquecimento do ambiente industrial e o contexto global em mudança para a indústria. Os operários otimistas aceitarão o imutável e começarão a buscar outras oportunidades, pois percebem que, não importa o quão duro trabalhem, apenas um pequeno número deles terá uma vaga na indústria. A solução não é como consertar linhas de montagem, e sim, onde procurar novas oportunidades.

Os maiores resultados não podem trazer de volta a era pré--industrial

Um bom exemplo de que as situações, em geral, não são tão sombrias quanto parecem ser, no início de uma transição, envolve os fazendeiros que enfrentaram a transição de uma sociedade agrícola para uma sociedade industrial. Milhões de empregos, na maioria dos países, foram perdidos para sempre, e as maiores batatas e o trabalho mais árduo não os trariam de volta. As estatísticas mostram um rápido declínio da mão de obra agrícola, com uma grande queda a partir de 1800 e que continua até hoje.

O desafio voltou à medida que os países começaram a se transformar de sociedades industriais em sociedades da informação. A demanda por profissionais aumentou substancialmente desde 1960, ainda mais dramaticamente do que a necessidade crescente de auxiliares de escritório.

Em 1960, cerca de 7,5 milhões desses profissionais compunham a quinta maior categoria profissional, que empregava cerca de 11% de toda mão de obra.

Em 1979, a ocupação número um nos Estados Unidos era de atendente, seguida por operário e, depois, agricultor. Em 2012, esse número quase quadruplicou para 27,7 milhões de profissionais e técnicos nos Estados Unidos, representando cerca de 20% da mão de obra total (Departamento para Funcionários, AFL-CIO). Hoje, a segunda maior ocupação depois do atendente é a de profissional qualificado, em total sintonia com a nova sociedade da informação, na qual o conhecimento é o ingrediente crucial.

Qual é a probabilidade de os Estados Unidos ou qualquer outro país restaurarem os empregos industriais perdidos? Os países podem aumentar as tarifas sobre as importações de economias emergentes? Sim, eles podem. Eles podem ordenar que as empresas se tornem menos automatizadas? Sim. Será que isso funcionará? Não. Além disso, qual seria o impacto para os americanos, que teriam de pagar muito mais por produtos fabricados nos Estados Unidos? Quem vai desembolsar a diferença?

Parece absurdo que o país que por tanto tempo foi o motor do progresso tecnológico agora busque soluções sugerindo um retorno aos "bons velhos tempos" da indústria, principalmente em um momento em que seu maior concorrente está fazendo exatamente o oposto, clamando por se tornar uma nação de inovação. Os Estados Unidos foram e, esperançosamente, continuarão sendo um caçador de oportunidades e seguirão em frente.

Pessoas voltadas para oportunidades se destacam

O que é quase impossível nos Estados Unidos foi testado, por algum tempo, em alguns países autocráticos. Mas, como mostra a política "socialista" fracassada do presidente da Venezuela, Nicolás Maduro, remar contra o fluxo do tempo e dos desenvolvimentos econômicos só pode funcionar por muito pouco tempo.

O governo autocrático da China, por outro lado, está bem ciente de que deve fazer o oposto de se apegar ao passado, ou seja, chegar à frente do desfile para sustentar o crescimento econômico necessário. Já em 1990, o presidente Jiang Zemin disse, em uma reunião privada com John Naisbitt, um dos autores deste livro, que o maior desafio que a China enfrentava na época era demitir operários de fábricas não produtivas. Naquela época, as demissões afetavam principalmente as Empresas Estatais (SOEs); hoje isso está acontecendo em todos os setores.

Graças ao enorme tamanho do país e aos diferentes estágios de desenvolvimento econômico (de subdesenvolvido a altamente desenvolvido), os operários chineses foram deslocados para novas fábricas onde eram necessários. Mas essa migração lentamente chegará ao fim nas próximas duas décadas. As pessoas voltadas para oportunidades já estão se destacando, trilhando seus caminhos em outras categorias de trabalho.

Olhar para a história ajuda a evitar que as emoções turvem os pensamentos e coloca as coisas sob uma perspectiva mais ampla e menos pessoal. Considere as várias opiniões sobre a globalização. Ela não foi uma decisão tomada por grupos de interesse ou governos. Não é um desdobramento que se possa fazer e descartar novamente. A globalização foi consequência de desenvolvimentos em tecnologia, produção, comércio, transporte e comunicação. Se somos a favor ou contra, não muda o fato de que ela está ocorrendo; o "jogo econômico" mudou. A importância do papel que funcionários, empresários e empresas desempenham nesse desenvolvimento depende de sua flexibilidade para se ajustar e reinventar.

Voltando-se para aqueles que deveriam saber

Mesmo quando estamos dispostos a ajustar nossas crenças e opiniões quando são desafiadas por novas informações, frequentemente ficamos à mercê dos especialistas (aqueles que deveriam saber mais do que nós). Protegemos nossas apostas com base nas autoridades às quais temos acesso, e nos melhores especialistas aos quais podemos pagar. É nosso trabalho ouvir o que eles dizem e então determinar por nós mesmos se devemos seguir suas recomendações. Às vezes, o conselho é preciso e útil; às vezes, até os especialistas erram.

Em seu livro de 1919, *As consequências econômicas da paz*, John Maynard Keynes, um dos economistas mais influentes da história, previu que as feridas da guerra na Alemanha seriam aprofundadas e estendidas ao obrigar o país a pagar reparações. Ele participou das negociações do Tratado de Paz de Versalhes após a Primeira Guerra Mundial, e discordou fortemente das indenizações de guerra impostas à Alemanha. Analisando os fatos, ele estava preocupado com o que iria acontecer: as reparações exigidas contribuiriam para o desencadeamento de um segundo conflito mundial. Ele estava certo. Seus dissidentes, muitos dos quais tinham seus próprios motivos para exigir reparações, estavam errados.

Da mesma forma, os economistas discordaram sobre a viabilidade do comunismo. Em seu livro de 1945, *O uso do conhecimento na sociedade*, o economista austríaco Friedrich Hayek previu o colapso do comunismo. E ele fez isso por um motivo consistente: um governo central bem-sucedido precisaria conhecer as decisões tomadas pelo mercado antes que elas fossem tomadas, o que é obviamente impossível. Em 1961, Paul Samuelson argumentou fortemente contra a conclusão de Hayek. Samuelson, o primeiro americano a ganhar o primeiro Prêmio Nobel de Economia em 1970, disse que "a economia soviética é a prova de que, ao contrário do que muitos céticos acreditavam, um comando socialista pode funcionar e até prosperar". Ele não foi o único economista que errou.

A tolerância às previsões dos economistas é bastante alta

Em 1964, Joan Robinson, uma economista britânica conhecida por seu trabalho em economia monetária e teorias econômicas abrangentes, disse, depois de visitar as Coreias divididas desde 1945, que "à medida que o Norte continua a prosperar e o Sul a degenerar, mais cedo ou mais tarde a cortina de mentiras deve começar a se rasgar". Ainda estamos aguardando que isso aconteça.

Muito antes, Irving Fisher (um dos grandes economistas dos Estados Unidos) fez uma previsão que foi o provável motivo de ter sido adorado (e teria sido ainda mais admirado caso ela tivesse se tornado realidade). Em outubro de 1929, duas semanas antes do crash de Wall Street na "Terça-Feira Sombria", ele anunciou que estava convencido de que as ações haviam atingido um "patamar permanentemente alto". Demorou 25 anos para recuperar o que foi perdido.

DOMINANDO NOSSOS PENSAMENTOS • 269

O livro *O Japão como primeira potência* foi lançado por Ezra Vogel, um cientista social de Harvard, em 1976. Ele previu que a economia dos Estados Unidos logo seria superada pelo Japão.

Mesmo sendo estrategista-chefe de investimentos da Goldman Sachs, Abby Joseph Cohen comprovou que é difícil acertar, em dezembro de 2007. Ela sugeriu que o S&P 500 atingiria 1.675 no final de 2008. Mas, em vez de subir 14%, o S&P caiu, terminando abaixo de 900, quase metade de seu valor previsto.

Os investidores teriam ficado felizes se James Glassman, diretor-fundador do Instituto George W. Bush, e Kevin Hasset, economista norte-americano, estivessem pelo menos metade certos em sua previsão de 1999 de que o Dow Jones triplicaria de seu auge de 11.497 nos anos seguintes, chegando a 36 mil. Dezesseis anos depois, nem mesmo dobrou.

A era da turbulência foi o título do livro de Alan Greenspan, de 2007, no qual ele advertia que o mundo poderia precisar de taxas de juros de dois dígitos para controlar a inflação num futuro próximo. A taxa de juros da China atingiu o pico em 2008 e caiu para um pouco menos de 4% em 2016. Nos Estados Unidos e na Europa, as taxas de juros têm estado perto de zero nos últimos anos.

George Soros, que vale quase US$ 25 bilhões, estimou que a inflação chinesa estava "um pouco fora de controle" em 2011, com o perigo de subir ainda mais. Por outro lado, seu escritório pessoal faturou quase US$ 1 bilhão entre novembro de 2012 e fevereiro de 2013, apostando que o iene japonês cairia sob o governo do primeiro-ministro Shinzo Abe.

Ravi Batra, um economista indiano-americano, ganhou seus louros escrevendo um best-seller que figurou em primeiro lugar na lista do *New York Times*, mas quanto a estar certo no que dizia é outra história. *Sobrevivendo à Grande Depressão de 1990*

270 • DOMINANDO AS MEGATENDÊNCIAS

previu grande turbulência; em vez disso, a década de retratada mostrou-se um período de crescimento global prolongado.

E vamos terminar com o bilionário Richard Branson, que, em 2010, emitiu um alerta sobre uma grave escassez de petróleo: "Nos próximos cinco anos enfrentaremos outra crise: a crise do petróleo." Seis anos depois, o preço está mais baixo do que era nesse período [Mais informações no site em inglês: http://uk.businessinsider.com/12-of-the-worst-predictions-about-the-global-economy- that-intelligent-people-have-ever-made]

Essa lista, obviamente, nos faz questionar a quem podemos recorrer.

Priorizando fontes confiáveis

É claro que qualquer pessoa que fale ou escreva sobre desdobramentos futuros pode errar. Quanto menos informações disponíveis e confiáveis houver, mais arriscada será qualquer estimativa. Desdobramentos em larga escala são mais fáceis de monitorar, enquanto, por exemplo, oscilações cambiais ou do mercado de ações apresentam alto risco e o perigo de movimentos irracionais à espreita.

Então, como você pode dominar megatendências se teme que as informações disponíveis não sejam confiáveis? Fique longe de opiniões pessoais. Analise os fatos.

Considere os jornais. Se você adora futebol e lê o jornal todo, está começando pela parte mais confiável: a seção de Esportes. Pontuações, classificações e estatísticas dos jogadores dificilmente são informadas incorretamente. As imprecisões e percepções começam a surgir em opiniões sobre determinados times e jogadores e sobre incidentes que ocorreram dentro ou fora do campo. O mesmo vale, é claro, para os sites pessoais, mas pelo menos eles não fingem apresentar fatos.

Não há certeza do que vai acontecer, mas conseguimos, com algum esforço, obter um panorama decente do presente. A partir disto, podemos começar a responder à pergunta "o que vem a seguir?" com fatos e não com pensamentos tendenciosos.

A diferença entre tendências e modismos

Além da importância de diferenciar fato de opinião, precisamos ser capazes de identificar as significantes diferenças entre uma tendência e uma megatendência. O que muitas vezes é chamado de tendência ou mesmo megatendência é normalmente um modismo, muito mais temporário. As tendências de consumo são um bom exemplo e, embora sejam importantes para a maioria das indústrias, seu impacto não é sustentável. Elas vêm e vão. As tendências são desdobramentos e comportamentos que evoluem e se tornam permanentes. As megatendências podem ser baseadas em invenções e inovações individuais e nos desdobramentos de mudanças socioeconômicas, como por exemplo a era da informação e a globalização da economia.

No entanto, para dominar as megatendências, às vezes é necessário buscar a oportunidade, mesmo que o cenário ainda esteja nebuloso e o contexto no qual está inserido permaneça obscuro para nós. Precisamos nos esforçar para identificar uma megatendência não porque esteja oculta, mas porque estamos tão concentrados nos problemas que nos falta até a menor esperança necessária para nos obrigar a abrir as cortinas e procurar oportunidades.

Sem medo de errar

Dominar nossos pensamentos, mantê-los o mais independentes possível e apegar-nos à nossa intuição nem sempre são coisas fáceis a serem feitas, mas são importantes para nós. Claro que podemos errar. No período de 2000 a 2005, estávamos convencidos de que os Estados Unidos permaneceriam hegemônicos por algumas décadas. Embora fôssemos à China várias vezes por ano, subestimamos a velocidade com que o país estava se desenvolvendo e os movimentos estratégicos que já fazia, que, olhando para trás, se tornaram óbvios. E, devemos acrescentar, superestimamos a vontade e a capacidade dos Estados Unidos de se adaptar às condições globais em mudança e de superar o impasse político.

O caminho da estagnação na União Europeia, entretanto, tornou-se logo evidente, mesmo encoberto por um manto de autoelogio. A tragédia da União é que ela gostaria de ter o poder econômico e político que um "Estados Unidos da Europa" poderia ter, mas não está disposta a fazer o que for preciso para chegar lá.

Como apontamos anteriormente neste livro, a pergunta mais frequente que nos fazem é "Qual é a próxima megatendência?". A segunda pergunta mais popular é "Quantas vezes você errou?". Caso você esteja se perguntando a mesma coisa, a Tabela 10-1 apresenta um resumo das megatendências que destacamos nos livros de 1982 a 2015:

DOMINANDO NOSSOS PENSAMENTOS ▪ 273

Tabela 10.1: Nosso histórico de detecção de megatendências ao longo dos anos

Ano	Livro	Megatendência
1982	*Megatendências*	▪ Sociedade industrial para a Sociedade da informação ▪ Economia nacional para economia mundial ▪ Hierarquias para networking
1990	*Reinventando as organizações*	▪ As tendências sociais e a tecnologia da informação influenciarão o comportamento corporativo ▪ O computador substituirá os trabalhos de nível médio ▪ Corporações maduras fomentarão o intraempreendedorismo
1992	*Megatendências para mulheres*	▪ As mulheres, ainda não totalmente livres, estão construindo uma nova ordem social ▪ As mulheres conquistarão cargos corporativos de topo ▪ Aumento do número de mulheres na política
1994	*Megatendências Ásia*	▪ O que está acontecendo na Ásia é de longe o desdobramento mais importante do mundo hoje ▪ Nada chega mais perto, não só de asiáticos, mas em termos de todo o planeta ▪ A modernização da Ásia vai remodelar para sempre o mundo à medida que avançamos para o próximo milênio

2000	*High Tech High Touch*	• A tecnologia, como atual moeda de nossas vidas, é tanto um benefício quanto uma armadilha • Áreas intoxicadas por tecnologia, como videogames, irão expor as crianças ao aumento da violência • As indústrias de biotecnologia expõem o mundo a perigos cada vez maiores • A internet é um fenômeno social
2006	*O líder do futuro*	• A Europa está no caminho garantido do declínio • As entidades econômicas estão em transição de estados-nação para domínios econômicos
2010	*China Megatendências*	• Emancipação das mentes • Atravessando o rio ao sentir as pedras • Do ouro olímpico aos ganhadores do Nobel
2015	*Global Game Change*	• De centrado no ocidente a multicêntrico • A ascensão do Cinturão Sul Global • China, a virada do jogo • As cidades como criadora de jogos globais

Quando um desejo se torna mãe de um livro

As megatendências ainda em desenvolvimento são aquelas identificadas em *Megatendências para mulheres*. Embora, em alguns países, as mulheres tenham ganhado espaço, estamos muito longe da igualdade de gênero. Os dados mais recentes do Departamento de Censo dos Estados Unidos mostram que as mulheres ganham apenas 79 centavos para cada dólar pago a um homem.

Em outubro de 2015, apenas 23 CEOs (4,6%) das companhias incluídas no S&P 500 eram mulheres. Nas empresas chinesas, as mulheres agora ocupam cerca de 30% dos cargos de liderança. O número de empresas sem nenhuma mulher em cargos de alto nível caiu de 25% em 2015 para 16% em 2016 (*China Daily*, 11/03/2016).

De acordo com um relatório do governo sul-coreano, apenas 2,3% de todos os executivos de alto escalão nos cem maiores conglomerados eram mulheres, a maioria delas, de famílias acionistas. Nem um único conglomerado tem uma CEO mulher. Do total de 825 prêmios Nobel e de Ciências Econômicas concedidos entre 1901 e 2015, apenas 48 foram para mulheres.

Não alcançaremos a igualdade de gênero nessa geração

O último relatório do Fórum Econômico Mundial sobre igualdade de gênero descreve a lacuna como maior do que em 2006, em parte por causa de questões específicas da China e da Índia. Sua estimativa (muito teórica) em quantos anos as diferenças de gênero diminuiriam pinta um quadro sombrio: a Ásia levará com 46 anos; a Europa Ocidental, 61 anos; a América Latina, 72 anos; a África subsaariana, 79 anos; Leste da Ásia e Pacífico, 146 anos; Europa Oriental e Ásia Central poderão comemorar a igualdade de gênero em 149 anos. E os EUA? Um sonho americano de diminuir a diferença pode se tornar realidade em 158 anos. Os países mais avançados nessa questão são Islândia, Finlândia, Noruega, Suécia e, notavelmente, Ruanda (5 anos) e Filipinas (7 anos).

As mulheres ainda são minoria em altos cargos, veja a porcentagem de posições de liderança empresarial ocupados por mulheres (Pesquisa de Grant Thornton, publicada em 2015):

276 • DOMINANDO AS MEGATENDÊNCIAS

- Globalmente, as mulheres ocupam apenas 24% dos cargos de negócios de nível sênior.

- Um terço de todas as empresas não conta com nenhuma mulher em cargos de chefia.

- Os dois piores países em relação à porcentagem de mulheres em cargos de chefia são o Japão, com 7%, e a Alemanha, 15%.

- A Europa Oriental tem 35% e a ASEAN, 34% de mulheres em cargos de chefia.

- 16% das empresas da Europa Oriental e 21% das empresas da ASEAN não têm mulheres em cargos superiores da administração.

- Na China, apenas 30% das mulheres alcançaram cargos de liderança.

- Surpreendentemente (para nós), no topo da lista está a Rússia, com 45% dos cargos de liderança ocupados por mulheres.

- Quase tão surpreendente quanto as Filipinas, com 39%.

Na Coreia do Sul, as mulheres ultrapassaram os homens em número de estudantes na universidade, mas ainda estão sub--representadas em muitos campos da elite: apenas 19% de todos os advogados, 23,9% dos médicos e 23% dos professores universitários. Dos 46% de mulheres que passaram em concurso público, apenas 8,8% conseguiram cargos na função pública.

A desvantagem de nascer mulher: nem um pouco dominada

Mesmo que a maioria das crianças esteja em melhor situação do que nunca e que alguns países mais progressistas registrem grandes avanços para nivelar o campo de atuação, melhorar o acesso e fornecer educação para meninas, além de dar às mulheres maiores oportunidades e salários mais igualitários, nascer menina ainda tem desvantagens. Os casais na Índia e na China ainda mostram uma forte preferência por meninos (a China chegou a proibir os exames pré-natais específicos para descobrir o sexo dos bebês, para evitar o aborto seletivo). Na Índia, nos últimos vinte anos, a seleção pré-natal de sexo levou à morte de meio milhão de meninas por ano (de acordo com um estudo da ONU sobre violência contra as mulheres). No Nepal, 40% das meninas se casam até os 15 anos de idade. A UNICEF estima que "se todas as meninas na África Subsaariana e no Sul e Oeste da Ásia tivessem educação secundária, o casamento infantil cairia de 2,9 milhões para pouco mais de um milhão". De acordo com um relatório de 2016 no *Die Zeit*, uma em cada nove meninas no mundo é forçada a se casar antes dos 15 anos; 15 milhões de meninas são proibidas de frequentar a escola primária; das 780 milhões de pessoas no mundo que são consideradas analfabetas, quase dois terços são de mulheres; e três quartos das pessoas que vivem na pobreza são mulheres, muitas das quais estão criando seus filhos sozinhas.

Foi uma decepção pessoal, para nós, descobrirmos nosso erro em pensar que a igualdade para as mulheres estava caminhando mais rapidamente. Mas, apesar de todo discurso, isso não está à vista. No entanto, como Doris Naisbitt, coautora deste livro, é membro do Fórum Internacional da

Mulher, pelo menos temos voz em uma organização que trabalha avidamente para avançar e tornar a igualdade de gênero uma megatendência vital.

Dominando megatendências ao aproveitar o poder de escolha

Qualquer discussão sobre as megatendências implica alguma falta de controle pessoal sobre as condições e circunstâncias externas; Megatendências movem montanhas. Isso não significa que aqueles que estão perdendo uma megatendência devam adotar uma atitude derrotista ou se juntar aos niilistas anônimos. Na verdade, essa mentalidade é exatamente o que não recomendamos. Embora você não possa mudar o passado nem as circunstâncias que o cercam, e embora nem sempre consiga alcançar o resultado desejado, você tem o poder de escolha, que é, de fato, um poder tremendo.

Apesar de todas as notícias negativas, em uma escala global, as pessoas no geral estão em melhor situação do que nunca. O ritmo da mudança se acelerou e as demandas mudaram. A sobrevivência e o sucesso agora dependem mais do cérebro do que da força, e mais de correr riscos do que de evitá-los. Não há nada de errado nisso. As mudanças e os desafios levam a maiores níveis de realização, desde que sejam abordados com um grau adequado de ambição, determinação, criatividade e intelecto. O que precisa ser evitado são ajustes politicamente corretos, que mascaram causas subjacentes que ninguém deseja abordar e que diminuem a motivação que impulsiona o progresso.

O ponto de partida inabalável é que a vida não é justa. Nascemos em condições diferentes — um grande país, um país pobre, com pais que nos apoiam ou negligenciam, ricos ou miseráveis, inatamente talentosos ou medianos. O pior que podemos fazer a nós mesmos é adotar uma mentalidade de vítima — renunciar a nosso poder de escolha.

Não podemos escolher o ambiente em que nascemos, mas podemos escolher o que fazemos a partir do que temos e do que somos. Uma pessoa com mentalidade de vítima pode encontrar um milhão de argumentos para explicar por que isso ou aquilo não é possível, e um milhão de desculpas para o fracasso. Claro, existem regiões e condições em que a liberdade pessoal é quase zero. Mas não estamos falando sobre tais condições. Estamos falando de pessoas como você e como nós.

Para aqueles que desejam alcançar riqueza e sucesso em qualquer empreendimento que valha a pena, o caminho é constituído por muitas horas de trabalho, determinação e alto desempenho. Nem todo mundo tem capacidade, nem todo mundo quer investir tudo o que for preciso. A ambição pode ser encorajada e nutrida, mas não imposta. Somos nós que decidimos qual caminho seguir. O melhor conselho que podemos dar para dominar as megatendências é este: abrace e celebre seu poder de escolha.

Este livro foi composto na tipografia Palatino
LT Std, em corpo 12/17, e impresso em papel off-
-white no Sistema Cameron da Divisão Gráfica
da Distribuidora Record.